熱狂宣言2

コロナ激闘編

目次

序章

緊急幹部会議

アルファードのスライドドアが開いて、松村厚久は爽快なほど際立った青を湛える空を見上げていた。

「銀座の空がこんなにも広いなんて、気がつかなかったな……」

そう呟いて和光の先に停めた車から降りると、春の陽光を感じながら交差点に向かってゆっくりと歩き出す。マスクの息苦しさには慣れてきたが、人が消えてしまった街の静けさはあまりに異様で、どうしても慣れることができなかった。

安倍晋三総理が2020年4月7日に「緊急事態宣言」を発する3日前の4月4日。新型コロナウイルスによるパンデミックの状況の報道にただ耳を傾けていた松村は、矢も盾もたまらず秘書に言って都内に車を走らせることにした。本社のある三田から六本木、赤坂、新橋を回り、車窓から眺める閑散とした都心の様子をその目に焼きつけた。そして銀座に到着すると「ここで降りるよ」と、秘書に言ったのだ。

松村が待ち焦がれたオリンピック開催は、2020年3月24日に、延期されることが発表された。その衝撃から数日経って、松村は夢の中にいるような感覚にたびたび陥った。

「人影が全く見えないなんて、これじゃあまるで、『復活の日』のワンシーンに放り込まれたようだ」

そう言った松村の脳裏には、小松左京のＳＦ小説『復活の日』を原作とし、深作欣二監督が撮った映画のシーンが浮かび上がっていた。草刈正雄、千葉真一出演のその作品では、細菌兵器によって人類45億人の命が奪われていた。

「確か、細菌が繁殖しない南極大陸に残された探検隊の８６３人だけがかろうじて命を繋いでいたんだよ。滅亡寸前まで追い込まれた人たちは、極限の地で人類の再生を信じて諦めなかったな」

思いもよらないエンディングを思い出しながらそう語ると、松村の腕を取って支える秘書は「その映画、観ていません」と言葉を返した。

「ダメだよ、映画を観ろよ。想像を超える世界が、そこには待っているんだよ」

はい、と返事をする秘書とともに交差点に立った松村は、その先の言葉を発することができなかった。それどころか、自分の顔がマスクの下で大きく歪んでいることがわかった。

「このままだと、東京の街は、日本は完全に死んでしまう」

そう言い放った松村は、悔しさを呑み込むと唇を強く噛んだ。映画なら、２時間で不条理の世界は消えてなくなる。しかし、今目の前にある光景は映画のスクリーンにある作り物の映像ではない。三越も松屋もルイ・ヴィトンもエルメスもその入り口を固く閉ざしている。そして、この先に待っている未来を誰も知らない。その現実を思うと体が小刻みに震え出した。

ああ、とだけ言って息を吐く。松村は胸に湧き起こった言葉をそのまま唇に乗せていた。

「本当にこの国はウイルスに侵略されたんだな。このまま手をこまねいていたら、外食業界も息絶えてしまうよな。ＤＤが生き抜くためには俺は何をすればいいんだ、どこへ向かって走ればいいんだ……」

秘書は黙っている。その答えを誰も知らないことは、松村ももちろん理解している。けれど、問わずにいられなかった。数百年に一度の新型コロナウイルスによるパンデミックが、手が付けられないほどの損害を会社にもたらすのだから。

頼む、教えてくれ。このウイルスはいつまで蔓延するんだ。いつになったらこれまでのように自由に外出することができるんだ。コロナと戦う方法を、誰か教えてくれ。

その問いかけは虚しく胸中に響き、松村は感じたことのない焦燥感を覚えていた。まるで魂を抑え込まれたような感覚だ。

これまでの人生で諦めたことなど一度もない。でも今は、恐ろしいことに、未知のコロナウイルスとの戦い方すらわからないのだ。

どんな逆境も真正面から立ち向かってきた自分のやり方が容易には通用しないことを感じ、松村もただ黙ることしかできなかった。

サングラスの奥で大きく見開かれた瞳には春の光が届いていた。気温の上昇とともにコートやジャケットを脱ぎ、その気候を満喫するはずの日常はどこにもない。新型コロナウイルスへの恐れと相まって、人々はその心と体を固く閉ざしている。

外出の自粛が引き続き呼びかけられる中、春休みにもレジャーを楽しむ環境は皆無だった。企業での働き方も変化を余儀なくされた。ＩＴ関連企業を中心にリモートワークが取り入れられ、社員が会社へ通わなくなっていた。Zoom や Google Meet などオンラインツールでの会議やミーティングが日常のものとなり、学校の授業までもオンラインに推移していくのである。ＤＤホールディングスが事業拡大のためのターゲットとしてきた東京オリンピック・パラリンピック２０２０は、本当に開催できるのか。オリンピックだけではない、ゴールデンウィークの行楽もこのままでは望めないだろう。

新型コロナウイルスという未知のウイルスによって、世界の人々が自由を奪われ、その生活を一変させた規制だらけの毎日は、永遠に続くかのようだった。

いや、夏に向けてさらに気温が上昇すれば、ウイルスの活動は弱まり、感染は収束するかもしれない。松村は、そう自分に言い聞かせると、深く息を吸って呼吸を整えた。

２０２０年4月初旬、その朝の社長室は、いつにも増して緊張感が漂っていた。社長室の扉を開けた取締役の樋口康弘と鹿中一志は、いつものように一礼するとしばし沈黙し、思い詰めた様子で松村の前に歩を進めた。そして、互いの顔を見合わせると意を決したように頷いて、樋口がこう告げたのだ。

「社長、コロナの影響が長引けば、今期の営業損益は100億もの赤字になってしまいます。これは、社長が20年あまりかけてゼロから積み上げた当社の純資産85億円がわずか1年でマイナスへ転落することを意味します」

緊急事態宣言以降、DDホールディングスの各店舗は休業状態でほぼ収入はなかった。しかし、支出を急に止めることもできない。各店舗の家賃や光熱費、社員やパートナー（パート・アルバイト）の報酬、銀行からの借り入れの返済など、2015年の東証一部上場（現在の東証プライム）以後事業拡大を推し進め飛躍したDDホールディングスは、収入も支出も莫大な金額が動いていた。

「100億の赤字……」

心臓がドクリと音を立て、背中に冷たい汗がしたたった。

まさか、このまま、DDは倒産するのか……。

松村は、椅子から立ち上がることも、声を発することもできなかった。ひたすら沈黙が続いた。沈痛な面持ちの樋口と鹿中を前に、胸の内とはいえ倒産という言葉を思い浮かべた自分を、松村は恥じた。

これまでも社員やパートナーの笑顔こそが、松村を奮い立たせてきた。「結婚が決まりました」と照れながら報告した若手社員。「赤ちゃんができました」と幸せそうに産休を取る社員。

「子どもが小学校に入学しました」「念願だった家を買うことができました。これから30年ローンの返済、頑張ります」と、皆嬉しそうに希望に輝く表情を松村に向けていた。

正社員2000人弱、パートナー約7000人、合計約1万人の人生が松村の双肩にかかっている。

倒産したら、従業員と家族の生活はどうなる？

彼らを、彼らの笑顔と生活を、命を、俺は守れるのか？

いや、守らなければいけないんだ！

俺には社員とその家族を守る使命がある。泣き言なんて言っている暇はない。どんなことをしてでも、生き残ってみせる。

心の奥でそう叫んだ松村は、沈黙を破り、樋口と鹿中に次のように告げた。

「明日の朝、ミーティングをするから幹部を招集してくれ！」

「わかりました」

二人はまた一礼し、足早に社長室を出た。

一人社長室に残った松村の胸には、今までに感じたことのない感情が渦巻いていた。そして、考えた。答えの出ない問題を解くように、深夜まで考え続けた。

100億の赤字？　俺の経営が間違っていたのか？　いや、そうじゃない。会社が犯罪に巻き込まれたわけでもない。ただ未知のウイルスがやってきて、社会の機能を根こそぎ奪っていっただけだ。

けれど、俺のせいじゃない、ウイルスのせいなんだと絶叫しようと、飲食店が感染の元凶とされて、手足を縛られたように何もできない今、誰も助けてくれるはずがない。この数ヶ月、俺は何をしてきた？

椅子に深く身を沈めた松村は、新型コロナウイルスと戦うための武器を持たずとも、絶対に逃げないことだけは心に期していた。

翌朝、ミーティングに集まった経営のメンバーたちに、いつものような明るさはなかった。目を赤くしている者もいる。樋口と鹿中から、昨日のうちに会社の危機的状況を聞いたに違いない。

松村は笑顔で一人一人の目を見つめ、口を開いた。

「コロナが長引き売り上げが低迷し続けたら、会社の存続も危ない状況です。それほどの危機に瀕しています。社員やパートナーさんに支払う来月の給料すらないんです。けれど、社員を路頭に迷わせるわけには、絶対にいかない。社員と、その家族の生活を守らなければなりません。そしてＤＤホールディングス一丸となって作った店を愛してくれているお客様たちのためにも、絶対に諦めるわけにはいかないのです」

松村を囲む社員たちが、うんうんと力強く頷いている。それを見た松村は続けた。

「何としてでも倒産を回避しなければならない。そのためにできることを、全員でやろう！　やるしかない！」

会議室に拍手が湧き起こり、松村は震える右腕を突き上げた。

「どうか、付いてきて欲しい！　熱狂宣言！」


担当役員たちは取引銀行を回り、融資のために駆け巡った。もちろん松村自身も銀行へ出向き、担当者や支店長に直接緊急融資を請うて頭を下げた。

もう呆然とすることも、倒産の不安に声を失うこともなくなった。何としてでも融資を受け、DDホールディングスの息の根が止まってしまうことを回避しなければならない。

しかし、松村は危機に向き合う集中力と引き換えに一睡もできなくなっていた。あまりに疲れてベッドに横たわり、目を閉じることはしたが、頭の芯が火箸で刺されるように熱く、脳が休まることがない。食事も喉を通らなくなり、みるみる頬がこけていった。睡眠が不足すると若年性パーキンソン病の症状も目に見えて悪化していく。体が硬直し、手も足も意に反して動き出した。

数日もすると気力だけで立っている松村を見て、皆が心配の声を上げ始めた。松村は「大丈夫、気力は十分だよ」と笑って、金策とともに今後の会社の体制を話し合うことに多くの時間を割くことになる。

　程なくして、松村はついに体力の限界を迎えて早めに帰宅することになった。その日、思いがけず会うことになった人に、決して諦めないことを誓ったのだった。その人とは、幻冬舎の社長、見城徹である。

　麻布十番の「しの田」の前を通った松村は、誰か知り合いが来ているだろうか、とドアを開けた。カウンターの端に見城徹が座っている。アルコールの提供時間は20時まで。その日、見城は17時に店に来て夕食をとっていた。

「おう、松村。大変だな、大丈夫か」

いつもの見城の声を聞いた松村は、時短営業にもかかわらず頻繁に立ち寄ってくれる見城に深々と頭を下げ、礼を述べた。

「こんな時期に、わざわざ寄ってくださりありがとうございます」

見城は笑みを浮かべながら、ワイングラスを手に白ワインを飲んでいた。見城の傍には青木俊之が立っている。ＤＤホールディングス社長室長の青木は、見城が店に予約を入れる日には必ず店に出ていた。

「そういえば、あのワイン、ありがとう。あれは俺が世界で一番好きなワインだよ」

松村が見城に贈ったブルゴーニュ産の白ワインは、ＧＭＯの熊谷正寿が出資しているワインのインポーターに頼み、特別に用意してもらった一本だった。

「生産者のコシュ・デュリは天才だからな。２０１０年のコルトン・シャルルマーニュ以上に美味いと思う白はないよ」

「喜んでいただけて感激です」

そう言った松村を見た見城は、松村を隣の席へと誘った。

「お前、天才だよ。本当に素晴らしい店を経営しているな。俺はさ、この『しの田』と下の『桂浜』が大好きなんだよ。ここに来て、仲間と会って、素晴らしい料理とワインがあれば、それが俺にとっての最上級の喜びだ。俺はさ、こんな店を作ってくれた松村へ感謝を伝えたくて、だからできるだけここに来ているんだよ。お土産のたまごサンドを寝る前に食べればそれ以上の幸せはないよ。完璧だ。松村、こんな店を作ってくれて、本当にありがとう」

見城はＤＤホールディングスの窮地を知って、少しでも売り上げに貢献しようと多忙な日々の合間を見て、予約を入れていた。

「コロナでこんな状況が続けば、会社は本当に厳しいだろう」

見城が、ＤＤホールディングスの倒産を心配していることは、松村にもわかっていた。

青木が空になった見城のグラスにワインを注ぐ。グラスを淡い光に照らしながら見城が呟いた声は、しっかりと松村の耳に届いていた。

「でも、松村、どうか頑張ってくれ。俺にできることがあればどんなことでもするから」

松村は見城のその言葉を聞き、経営を諦めない明確な理由を蘇らせていた。素敵な店で誰かを喜ばせたい。美味しい料理で誰かを幸福にしたい。その願いこそが、松村を外食の世界へ飛び込ませたのだ。その日から、ここまで自分を突き動かしてきた思いは、一度だって揺らいだことはない。

新型コロナウイルスという見えない敵に襲われ、満身創痍になりながらも、ひたすら資金調達に走る日々の中で、自分が外食業界の経営者になったその一番の理由を思い出させてくれた見城に、松村は黙って頭を下げた。涙が溢れそうになったが、それは懸命に耐えた。

以前より仰ぎ見る憧れの存在だった見城は、いつしか松村を仲間と呼んで、気がつくと多くの時間をともに過ごすようになっていた。

「見城さん、ありがとうございます。会社は絶対に潰しません。また皆さんに安心して集まっていただけるよう、必ず復活してみせます」

松村の言葉に見城はそうか、と言って頷いた。

「松村からその言葉が聞けただけで、俺は嬉しいよ」

青木とともに見城を見送り、時短営業の店を後にした松村は、硬直し重くなった体を青木に預けた。青木は松村の痩せた胴を片手で抱えると、その体をアルファードの座席に丁寧に座らせる。

後部座席の窓から右手を挙げて青木に別れを告げた松村は、窓を大きく開け、その顔に風を受けた。

俺は生きる。会社を蘇らせるために、この命を燃やすんだ。人生をかけて、見城さんとの約束を守る。守ってみせる。

そう誓った夜の空に月が見えた。新型コロナウイルスなど素知らぬ美しい冴えた光が、そこにはあった。

生暖かい港区の空気の先にあるその夜の月の蒼さを、松村は生涯忘れないだろうと思っていた。

第1章

外食コロナ戦争、ＤＤ倒産か⁉

新型コロナウイルスの上陸

２０１９年の年末、その脅威は音も立てずに日本列島と全ての日本人に忍び寄っていた。中国の武漢が発生とされる謎のウイルスは、数ヶ月もすると全世界をパンデミックの恐怖に陥れた。世界保健機関（ＷＨＯ）は２０２０年2月11日、中国を中心に流行している新型コロナウイルスによる病気の正式名称を「COVID－19」に決定したと発表した。

ウイルス性肺炎を引き起こすこのウイルスの流行は、日本で当初、対岸の火事と考えられていた。武漢に滞在していた日本人が帰国後の２０２０年1月15日に感染していたことが明らかになった時にも、さほど関心を持つ者はいなかった。

日本で初めて感染者が出たというニュースを見ていた松村も当初は楽観的だった。多くの日本人がそうであったように。

「２０２０年の新年を迎えた頃、新型のウイルスへの恐れなど全くありませんでした。毎日普通に出社していましたし、夜は自社の店を社員とともに回っていたんです。東京オリンピックイヤー、その幕開けでしたから、各店舗も気合いが入っていて、経営陣も現場の社員も日々の営業の中でそのことを確かめ合う時期でもありました。深夜には六本木のけやき坂下にあった店『１９６７』へ寄って、来店している親しい経営者仲間と話すことが楽しみでした」

松村の心を捉えていたのは新型コロナウイルスではなく、外食業界で最も尊敬する人の誕生日パーティーのことだった。

「その頃は、毎年3月の半ばに私が主催させていただいているダイニングイノベーショングループ創業者の西山知義さんの誕生日パーティーの企画を練ることに懸命でした。今年はどんなパーティーにしようかと、社員や外食業界の仲間たちと出し物のアイディアを練り、語り合っていました」

しかし、2020年1月30日に世界保健機関（WHO）が大流行を認め、「世界的緊急事態」を宣言すると、日本でも徐々に感染者数が増えていった。

それでも松村は、後の悲惨な状況を予見できるほどの危機感は持てなかった。

「正直に言って、あの頃の私はあまり深刻ではありませんでした。2ヶ月もすれば春になる。春になれば感染は下火になり、流行には至らないと考えていたのです。楽観的でいられたもう一つの理由は、サーズ（SARS）の記憶があったからです。中国の広東省で発生したサーズは、2003年3月頃から大流行の兆しを見せ始め、重症急性呼吸器症候群を引き起こす新種のウイルスであると叫ばれていました。2004年の5月頃までアジアで感染拡大を見せていましたが、そのサーズは日本には上陸しませんでした。感染症に関して専門的な知識もありませんでしたが、サーズの時のようにアジアで感染が広まっても日本には上陸しないのでは、と思い込んでいたんです」

夏になってオリンピックが開催されれば、松村の計画は全てうまくいくはずだった。ところが、2月になると、とんでもない事態が連日テレビで報道されることになる。

世間の注目を集め、日本全土に緊張を走らせたのは、2月3日に横浜港へ入港した大型クルーズ船「ダイヤモンド・プリンセス号」だ。船内で感染者が確認され、クラスターが発生すると、乗客は14日間、乗船のまま隔離となった。松村もこのニュースを食い入るように見ていた一人だ。

「ダイヤモンド・プリンセス号のニュースで、コロナのことに詳しくなっていきました。テレビ画面でしたが、集団感染の怖さと薬もワクチンもないコロナの治療の難しさを目の当たりにしましたから」

また、東京では、屋形船での新年会に参加していたタクシー運転手を感染源に、客たちが複数で感染したことが大きく報じられていた。

さらに、北海道では1月31日から2月11日まで開催されていた「さっぽろ雪まつり」を機に感染者が急増するのである。雪まつりには、正月休みの中国人が大勢観光に訪れており、その中には武漢からの旅行者も含まれていた。日を追うごとにコロナ関連のニュースが増え、全国規模で新型コロナウイルスに対する危機感が急速に高まっていた。

それでも松村は、その状況が一過的なものであると思っていたのである。

「インフルエンザだって、気温が上がれば感染力が落ちて、患者数は一気に減っていきます。3月をなんとか乗り越えて4月になったら、また東京オリンピックに向けてひた走ればいいと、自分に言い聞かせていました。今思えば、そう思い込みたかったのですが……」

完全に風向きが変わり、経営が脅かされると感じたのは、バレンタインデーを迎えた頃だった。

「私は、取締役の樋口を社長室に呼んでこう言いました。『取引のある、なしにかかわらず、銀行から借りられるだけお金を借りよう』と」

当初こそ楽観視していた松村だったが、じわじわと増える感染者の数がある記憶を呼び覚ましていた。

「2011年3月の東日本大震災の時のことを思い返していました。大きな被災は免れた首都圏も、大規模な節電や被災地への気遣いがあって街から人が消えたんです。売り上げという現金収入がなくなれば、会社は干上がってしまう。あの時にも、店舗の家賃や材料費、人件費で瞬く間に莫大なお金が吹き飛びました」

2017年9月には持株会社体制へ移行し、株式会社DDホールディングスに商号変更した松村は、正社員、パートナーを合わせて1万人近くの従業員を抱えるまでになっていた。

「少なくとも30億、安全を期するためには50億のキャッシュを手元に集めたい、と思っていました。事前に現金を得て、万が一の時にはそのキャッシュを使い、なんとか冬を乗り越えれば、春には感染も下火になり、夏にはオリンピックが待っている、と心を奮い立たせていたんです」

感染拡大を防ぐため、2月末にはイベント開催自粛が要請される。人が大勢集まるコンサートや演劇も、中止や延期が相次いだ。

全国最多の感染者を出すことになった北海道の鈴木直道知事は、2020年2月28日、行政判断による独自の緊急事態宣言を発出していた。

さらに、全国の小学校、中学校、高等学校などへ3月2日から春休みまでの臨時休校が要請された。

ついに未知のウイルスとの本格的な戦いが幕を開けようとしていた。松村は、一変した人々の生活を思いながら、連日経営陣と対策を練った。

3月になるとドラッグストアでは不織布マスクの争奪戦が始まり、人々はわずかに入荷するマスクを求めて奔走しなければならなかった。手洗いが推奨され、さらに手指のアルコール消毒が日常のこととなっていく。

DDホールディングスの店舗でも、サービスのスタッフはマスクをつけ、店頭には消毒薬が設置されていった。松村はコロナの感染を防ぐための備品にも細かく指示を出していた。

「マスクや消毒薬は、全員分が常備されているものではなかったので集めるのに必死でした。でも、やるしかなかった。新型コロナウイルスの感染者数の増加もさることながら、死者数も増えていく状況に、外食業界に訪れた試練を受け止めなければならない、と繰り返し考えていました」

それでも、松村はまだかすかな望みを捨ててはいなかった。春になり気温が上昇すれば、ウイルスはその力を弱めていくかもしれない、と。しかし、その思いは単なる淡い夢でしかなかったのである。

松村にとって、驚愕の知らせがもたらされた3月24日が訪れる。

「東京オリンピック・パラリンピックの1年間の延期が発表されたんです。新型コロナウイルスの感染が世界に拡大する中、このままではどうしても開催できないと判断されたのでした。2月の下旬まではＩＯＣのバッハ会長も『東京オリンピックの開催は揺るがない』とコメントしていました。なので、急転直下の『新型コロナウイルスによるパンデミックのため延期』という決定には言葉を失いましたよ。東京オリンピック開催まで、あと4ヶ月のことです。全ての店舗は、日本のお客様はもちろんのこと、日本を訪れる外国人旅行者を受け入れるための準備を進めてきました。店作りやメニュー、接客など全てにおいて、オリンピックを目指してきたんです」

悔しさを隠し切れない松村にとって、オリンピックが中止にならなかったことだけが救いだった。延期の発表から6日後の3月30日、ＩＯＣは臨時理事会で大会の詳しい日程を決定し公にした。オリンピックは２０２１年7月23日～8月8日の17日間、パラリンピックは２０２１年8月24日～9月5日の13日間という日程だった。

「気持ちを切り替えて1年後を目指すしかない。1年後には東京でオリンピックが開催され、私たちの店が世界各国からのツーリストを迎えるのだと信じるしかない。心を一つにして、その日まで弛まぬ努力を積み重ねていこう、と会議や朝礼のたびに、私は社員に向かって声をかけていました」

1年間延期されたオリンピックの日程発表。その前日に、日本全土が新型ウイルスへの恐怖を決定的にする事件が起こる。3月29日、ドリフターズのメンバーである志村けんが、新型コロナウイルスによる肺炎で帰らぬ人となったのだ。70歳になったばかりの国民的スターの突然の逝去に、全ての日本人が衝撃を受けた。この一件が松村にとってもターニングポイントだった。

「私も大ファンでしたので、志村けんさんが亡くなったことには大きなショックを受けました。夜の港区でその姿をお見かけすることがあり、スター然たる存在感と親しみのある風貌に憧れを持っていましたから。そして、この悲しいニュースから、人々の意識は一気に未知のウイルスに対する恐怖へと振れていきました。感染しないためにひたすら家に籠り、街に出ることをやめたんです。私たちの店にも、来店者が数人、時にはゼロという現実が襲ってきました。これは、私にとって2011年の東日本大震災時以上の大打撃になると、やっと思えるようになったんです」

第一次緊急事態宣言

前代未聞の事態に慌てふためきながらも、政府は動き出していた。安倍晋三総理のもと、2020年3月13日には、新型コロナウイルス対策の特別措置法が成立する。そして、4月7日、日本史上初となる緊急事態宣言が発出されるのだ。

宣言を受けた松村は、社員に激震をもたらす判断を下していった。発出翌日の2020年4月8日から、DDホールディングスは国内の飲食事業主力ブランド415店舗、アミューズメント事業主力ブランド57店舗の直営店舗全店472店舗を臨時休業としたのだ。また、ハワイで展開していた9店舗も、ハワイ州の外出禁止令に伴いテイクアウトのみの営業とした。

不要不急の外出の自粛、三密（密閉・密集・密接）の回避、時差出勤、テレワークなど、国と各行政から強く言い渡されたルールに、誰もが日常生活を激変させざるを得なくなった。平日のオフィス街、休日のショッピングセンターにはもはや人影が見えない。学校や公園からは子どもたちの笑い声が聞こえなくなっていた。

緊急事態宣言は感染状況が落ち着いた地域から順次解除し、5月25日に全面解除された。DDホールディングスでも宣言の解除に伴い臨時休業していた店舗の営業を再開することになった。しかし、最初の緊急事態宣言の終わりは、外食業界にとって、3年余となるコロナとの戦いの幕開けにすぎなかった。

営業を再開した飲食店には、過酷な条件が突きつけられていく。それは、飲食店経営者にとって、ため息しか出ないものだった。松村は絶望にも近い気持ちを押し殺した。

「まず、営業時間の短縮が要請されました。20時に閉店しなければならなかったんです。そしてアルコール類の提供は19時までと制限されました。仕事帰りのビジネスマンが来店する時間が19時から20時です。その頃にはアルコールを提供できず、間もなく閉店になる。いきなり通達された営業のガイドラインでしたが、飲食店にとっては息の根を止められたも同然でした」

長引くパンデミックで昼も夜も街の風景が一変していた。政府や厚生労働省の発表に耳を傾けなければならなかった松村は、情報収集に余念がなかったが、耳を傾ければ傾けるほどその主旨には憤りが湧き起こった。

「あの頃、東京都の小池百合子都知事の発言には何度も頭にきていました。感染の原因を飲食店のせいにしていました。集団感染の場所を『お酒を出す飲食店』とか『接待を伴う飲食店』と特定して、コロナの感染拡大の悪者にしていたんです。ですから新橋に行っても、銀座に行っても、赤坂に行っても、もう人は誰もいませんでしたよ。グループ内の店にも、他社さんの繁盛店にも、お客様がいないんです。大手の企業では会食を禁止し、破ればクビになってしまう、というルールも定められたという話も聞きました。ビール会社まで会食禁止になっていたんですよ。まるでSFにあるような、街から人が消えた世界が日常になっていました」

渋谷のスクランブル交差点を車で通りかかった松村は、巨大な交差点に誰もいない風景を見て恐ろしさすら感じていた。活気と笑顔に溢れていた街中は、時が止まったモノクロームの空間になっていた。松村の目には街が泣いているように映った。そして思った。このままでは、街も、外食業界も、死んでしまう、と。

「コロナウイルスが蔓延する世界に生きることになるのか、と考えては気が遠くなっていたのも事実です」

だが、感傷に浸っている時間は一瞬だった。

「私の指示により樋口が動き、銀行をはじめとする金融機関からの借り入れの枠は100億円になっていました」

これだけあれば、と松村は胸を撫で下ろしていた。

「しかし、緊急事態宣言で全ての店舗を休業したDDホールディングスは、信じ難い金額をひたすら支払うことになっていったんです。まずは本社や全店舗の家賃、社員の給料、その他社会保険料やコロナ対策費など、莫大なキャッシュがひたすら口座から引き落とされていきました」

倒産だけはしてなるものか。会社を潰さず、未来に希望を繋ぐために松村が役員たちとともに見出した道が、子会社の吸収合併だった。

「持株会社体制への移行後、DDホールディングス連結子会社の一社となっていた株式会社ダイヤモンドダイニングを存続会社とし、同じくＤＤホールディングス傘下にあった株式会社ゴールデンマジック、株式会社商業藝術、株式会社サンプール、株式会社 The Sailing の４社を吸収合併させることにしたんです。私にとっては苦渋の決断でしたが、この吸収合併によって重複していた本部機能が圧縮され、事務所経費、人件費など、さまざまなコストの節約が見込めました。通常ではあり得ない合理化を推し進める以外なかったんです」

この吸収合併のプランは、「会社は何としてでも生き残る」という松村の意思表示として、巨額な借り入れをしている金融機関にもすぐに伝えられた。

「まだまだ銀行から借り入れが必要でしたから、どんな手を打ってでも会社は潰さない、というメッセージの意味もありました」

吸収合併に伴い、４社は事実上消滅することになる。そんな中、松村が思ってもいなかった〝別れ〟が待っていた。

「ゴールデンマジックの社長、山本勇太がＤＤホールディングスを、私のもとを、離れることになったんです」

ゴールデンマジック山本勇太の退社

山本は、松村が「居酒屋の申し子」と呼ぶほど、思いを込め育て上げた愛弟子といってもいい存在だった。ゴールデンマジックが吸収されたとはいえ、山本が作り上げた居酒屋チェーン「九州熱中屋」の店舗は残ることになっていたので、山本の退社に誰もが驚き、戸惑いを覚えた。

松村は、最も近しい社員の一人だった山本の心の内を思っていた。

「以前、勇太は私に『社長、僕は30歳で独立しますよ』と言っていたんです。DDホールディングスを辞める決断は、社長として自立した勇太の真の独立心から来たものかもしれません。しかし、それは前向きな旅立ちではありません。彼が代表を務めるゴールデンマジックがダイヤモンドダイニングに吸収合併されたことが、その決断を後押ししてしまったんですから。コロナ禍の苦しい社内改革が、勇太にDDを離れる機会を与えてしまいました。そのことが、私には衝撃だったんです」

松村にとって山本は鏡のような存在だった。

「勇太は違うと言うでしょうが、私は勇太を見ていると若い頃の自分を見ているような気持ちになりました。なので、決断や行動が遅ければイライラしましたし、ずば抜けて楽しくて美味しい店を作れば、その才能に有頂天になりました」

大学3年生の頃、将来の夢を見失った山本はパチンコ屋のアルバイトに明け暮れ、身の丈に合わないものを食べ、身の丈に合わない遊びをしていた。しかし、2005年、27歳の時に、ふと飲食店を作ってみたくなり出店ラッシュで勢いのあったダイヤモンドダイニングに入るのである。

入社当時から山本の働きぶりを見ていた松村は、彼の考えたメニューやサービスのアイディアを手放しで褒め讃えた。入社1年目でエリアマネージャーになり、社長である松村にも堂々と意見を言う存在感のある社員へと成長していった山本。彼は、松村が店作りにおいて唯一切磋琢磨する存在でもあった。

「勇太の仕事を見ることが私の楽しみでした。ダイヤモンドダイニングが成長していくためには彼のような才能は欠くことができません。私とは違う方法で、どんな店を作ってくれるのか、どんな事業モデルを作り上げるのか、ワクワクして仕方なかった」

松村の期待を一心に背負った山本だが、2年もすると松村に「30歳で独立する」と告げるのである。

「勇太が独立したいと言っている、と社内の噂で聞いた私は、彼が入社した直後のことを思い出しました。私が勇太に『ゆくゆくは独立したいのか?』と聞くと、屈託なく『したいです』と即答したんですよ」

その時、松村はこう話したと言う。

「勇太は頑張るから成功するだろうけど、運やタイミングもあるから会社の中で勇太の会社を作ればいいよ。もっと大きいお金を動かして大きいことをやったらいい」

それから1年が経った頃、松村は山本を呼び出し、こう告げたのだ。

「『俺がお前に1億円を投資するから、ここで会社を作って店を経営してみないか』と提案したんです。ダイヤモンドダイニングに初めての子会社を作り、勇太に経営を任せたいと思いました。勇太には、ダイヤモンドダイニングにい続けて欲しかった。それが現実になったのが2009年です。5月に勇太が社長となって株式会社ゴールデンマジックが設立されました。彼が入社4年、30歳の時です」

その日から11年が過ぎ、経営者として松村の背を追いかけ、店舗を増やし続けた山本が、コロナ禍の真っ只中で独立を言い放ったのだ。

それはなぜなのか。山本は新型コロナウイルスの感染拡大によって引き起こされた外食業界崩壊の危機の中で、松村との日々と自分の未来を考えることになったのだった。山本の語る言葉には松村と同様の、飲食店経営者の曲げられない信念が込められていた。

「私は独立志向が強いですし、これまでも松村社長の言うことを聞かないこともありました。だから、入社以来ずっと、山本には勝手にやらせた方がいい、と思われていたと思います。ゴールデンマジックの代表になった時、松村社長とは『5年で100店舗を出店する』と約束したんです。実は、その目標が達成できたら、独立しようと決めていました」

そう話す山本が創業したゴールデンマジックは、スタートから破竹の勢いで業績を伸ばしていった。2009年6月17日に出店した1号店「三丁目の勇太」を東京・新宿にオープンすると、その後も「九州料理熱中屋」「やきとり○金」などを立て続けに出店し、約束より3年遅かったが、2017年には念願の100店舗を達成していた。

急成長を遂げたゴールデンマジックを率いる山本には、松村2世との呼び声もあったが、実は山本本人には常にジレンマがあったのだという。

「松村社長は、当たり前ですが売り上げや利益を最優先にします。株主様や社員のために、当然のことだと言ってその気持ちは絶対に揺るがなかった。ところが、私はそれが苦手でした。経営者としては失格なのですが、数字は今にこだわらず3年後、5年後にピークを迎えればいいじゃないか、と思うんです。未来に向かって走るためには、常にスタッフに笑顔で仕事をして欲しい。松村社長は、私に『3年後、5年後じゃなく、今からうまくやれよ』と言いました。私は『今はうまくできない。けれど、来年、再来年にはきっとうまくいきます』と伝えるので、そこでよく叱られていました」

ゴールデンマジックが100店舗を達成した2017年は、2015年に東証一部に上場したダイヤモンドダイニングがさらなる成長を求めてホールディングス化した年でもある。松村の英断のもと、会社が巨大な組織になっていくその中で、ゴールデンマジックと山本はその存在感を増していた。

山本も、上昇気流に乗る松村の野心を肌で感じていた。松村がぶち上げた「1000店舗1000億円達成」という目標に、山本も胸を躍らせた。

「どこまでも高い目標を平気で口にできる松村社長は、やはり眩しい存在でした。結果を出していれば私の経営にも一切口を出さない方なので、100店舗を達成した私には手放しで賛辞をくださいました。グループの中でも、最大限に甘えさせてもらっていましたからね。私は、好きなことをやらせてもらう代わりに結果を社長に見せることが使命だった。結果を出したと報告した時に浮かぶ社長の一瞬の笑顔が、私は好きでした」

経費計算に明け暮れる6月の半ば、山本は緊急事態宣言下の鹿中とのミーティングで「事業会社を合併する」という話を聞くことになる。手塩にかけて育て上げたゴールデンマジックが事実上消滅することになると聞いた山本は、ああ、ここが辞め時か、と直感的に思っていた。

「独立したいと思いながら、社長のためになんて格好つけて思いとどまった。でも、本当はずっと揺れていました。新型ウイルスの蔓延なんていう想像もしなかった状況下で会社が消滅することになって、むしろ自分の気持ちが定まりました。もちろん、松村社長との別れは辛いのですが、もう後戻りはしたくなかった」

松村と山本、8時間の対話

ゴールデンマジックの吸収合併は、ダイヤモンドダイニンググループとして生き残るためには仕方のないことだと、山本はすんなりと受け入れた。そして、合併を知らされたその場で「退職させていただきます」と鹿中に告げるのである。山本の胸中は静かだった。

「私はゴールデンマジックがダイヤモンドダイニングに合併されることをうっすらと予想していました。ホールディングスの形態をとっている会社が、事業会社を抱えていると間接的にコストがかかるので、コスト削減のために合併した例を知っていたからです。同じような形態をとっているＤＤホールディングスも、それが一番コストカットできる方法でした。その予感が当たったわけですね」

鹿中に気持ちを伝えた後、山本は松村へすぐにＬＩＮＥを入れた。

「けれど、返事は戻ってきませんでした。松村社長は気に入らないメッセージには、いつもスルーです。その後、鹿中さんとは数回話し合い、そのたび、慰留していただきましたが、私の気持ちは変わらなかった。そして松村社長には、直接会って話すことにしたんです」

２０２０年6月28日、山本は六本木へ一人で向かった。事前に電話をし、松村の住むマンションの下にあるカフェテラスで15時に待ち合わせた。

山本の顔を見た松村は、いつものように右手を挙げて彼の正面に座った。山本の決意ある表情を見て十分に理解していたが、松村はいつものようなたわいもない雑談を始めていた。

「こんなに酷いことになるとは思わなかったな、とコロナのことを話し、お前の店も大変だったな、と伝えました。雑談を遮ると、勇太は意気込んで、『辞めさせてください』と言いましたが、私はその言葉にはすぐに返事をしませんでした。勇太には、もう一度自分の会社を興す日が必ず来るよ、と言いたかったですが、そんな安易な言葉を勇太にかけることはできませんでした」

連日深夜にまでわたる経営会議を行っている松村の体調は優れず、沈黙が続くこともあった。

「社長の体調があまり良くなかったため、話は途切れがちでした。途中、全然関係のない雑談もたくさんしましたし、私の退社について話したのは合計15分ぐらいです」

山本は、辞めます、と言っても首を縦に振らない松村に、「僕に辞めるな、と言うなら、僕に旗振り役（社長）を任せてください」と切り出したのだ。

山本はその真意を次のように語っている。

「コロナ禍では、お互いに気を遣いながら仕事をしている状態でした。それは松村社長を含め誰一人として例外はいませんでした。コロナ禍では、意見を擦り合わせている時間はない、と僕は思っていたんです。決断を1週間先延ばしにしていたら、その1週間で数億円が消えてなくなる。そんな状況の中、悪者役になってでも誰かが旗を振って進むべき道を示さなければ厳しいですよ。松村社長には、生意気にも『全てを私にかけてくれますか、それでないと働けません』と伝えました。私はアルバイト時代から16年間、ダイヤモンドダイニングに在籍していました。ですから、松村社長や仲間には人一倍強い思いがあります。松村社長の体が健康で元気だったら、何の不安もなかったでしょう。ですが、本当に倒れでもしたら、松村社長の意思を継げる者がいない、とさえ思っていたんです。思い上がった言葉だったかもしれませんが、それは本心でした。当然ですが、社長を任せろと言った後も、松村社長は黙っていました。結局、23時まで話し、松村社長も最後には私の退社を認め『わかった』と言ってくださいました」

入社してから16年。エースに成長した山本の、グループを離れるという固い決断を聞いた松村は、体が引き裂かれる思いだった。

「勇太は私に、自分が退任して僕に社長を任せる気持ちはありますか、とまで言ったんです。このまま資金を失い、黙って沈没していく会社を見たくない、と思ったのでしょう。勇太の荒ぶる経営者としての気概を聞いて、私は嬉しかったですよ。しかし、私は手をこまねいて沈没する気など微塵もありませんでした。天変地異を受け、大きな痛手を負った会社が再生するためには、悲惨な状態になろうと、死なないと信じて前進するしかない。生きて、再び蘇るために、勇太には私と一緒にいて欲しかった。長時間話して『わかった』と告げた後も、実は『もう一度、考え直して欲しい』と、連絡もしているんです。けれど、勇太の考えは変わらなかった。彼もまた一人の経営者ですから、最後はその気持ちを尊重する以外にありませんでした」

になっていた。

2020年6月から水面下で準備されてきた4社の吸収合併は、7月に正式発表されること
夏が本番を迎えた頃、ゴールデンマジックの社員を集めた山本は、会社の合併を伝えていた。社員に大きな衝撃を与えると考え、慎重に言葉を選び、こう言った。

「私が松村社長の立場でも同じことをしたでしょう。この状況になったのは誰も悪くない。こうしないと社員を守れなかったと思います」

あわせて、自らの退社も告げた。会社の合併と自身の辞職を伝えたのは同じ日だったが、山本が去ることを聞いた社員たちは、その顔から色を失っていった。

「ゴールデンマジックの社長として、会社がなくなることは社員に対してただ申し訳ない思いでした。店も大幅に削減されることになりますが、店はまた作ればいいんです。新組織では苦しいこともあるとは思いますが、若い社員は馴染んでやっていくでしょうし、そういう教育をしてきましたから大丈夫だ、と確信していました。私が率いた会社とは違うものになるでしょうが、それで進んでいくのが会社というものです。ただ、長く一緒にやってきた幹部たちには本当に申し訳ない気持ちでした。みんなにどんな時にも『笑顔で頑張ろう!』と言って、先頭に立って旗を振ってきたのに、自分だけ抜けてしまうのですから。その罪悪感は強いですし、振り返っても心残りがあります」

社内も社外も、周囲は「松村社長に一番近い山本勇太がなぜ辞めるのか」と驚くばかりだった。「独立」を貫いた山本は、その理由の根幹に経営者としてのコンプレックスがあったと振り返る。

「会社を大きくして周囲から称賛されたり、慕ってもらえたりしたのは、松村社長の加護があったからです。つまり他の経営者の方たちとは、スタート時点で比較にならないほど守られていました。リスクなんて、少しも背負っていなかったといえます。ですから会社の規模とは関係なく、他の経営者に引け目を感じていました。1店舗でも自分の足で立っている経営者を立派だな、羨ましいな、と感じていたんですよ」

DDを辞めた山本は、コンサル事業を立ち上げた。社員としてはDDホールディングスしか知らなかったので、まずさまざまな企業のコンサルをすることで他社の文化を学んだのだ。コロナ禍によって訪れた山本の転機は、新しい人生、新しい店作りの幕開けでもあった。

「もちろん、松村社長との親交は今も続いていますよ。実は、会社を辞める時、松村社長に何か渡そうと考えて、『勇太がIPOをしたら時計を買ってあげる券』を入れた手紙を渡しました。私が100店舗達成した時に松村社長から何百万円もする時計を買っていただいて、それがすごく嬉しかったので、その時の思いを返したいと思ったからです。松村社長に時計を買うためにも、起業して会社の上場を目指さなければなりません。ここからが私の勝負だと思っています」

松村は、ゴールデンマジックをこんな形で失った山本の気持ちが痛いほどにわかっていた。

「自分のこととして置き換えたら、それはいたたまれないですよ。誰のせいでもないコロナウイルスのパンデミックが理由だったとしても、100店舗を達成した自分の会社を失ったら、人生を失ったも同然です。勇太には同じ船に乗って嵐を越え、次の大陸を一緒に目指して欲しかったけれど、一人で一からスタートしたい、という意志も理解できました。もちろん、勇太にも、『いつでも戻ってきていいんだよ』と声をかけましたよ」

「死んでたまるか」の叫び

2020年の夏になっても、新型コロナウイルスの感染拡大は一向に収まらなかった。松村は、コロナが単なる風邪だと信じたかった頃を遠い過去のように感じていた。

飲食店にとって、日々の売り上げが「ゼロ」であれば、収支においては巨大なマイナスを生むことになる。店舗の家賃は決められた期日までに支払わなければならない。また、店を休業していても社員や店舗のスタッフには休業手当を支払わなければならない。

「入るお金はわずかなのに、巨額のお金が毎日出ていくという経験は、こたえました。家賃の減額や支払い猶予の交渉、社会保険料の払い止め、社員の給与を確保するための金策など、来る日も来る日も経営資金の計算に追われていました。支払いの項目は増えても減ることはありません。私と役員、会計士や税理士、弁護士と明け方の3時、4時まで戦略を練り、やりとりを続ける日々が続きました」

新規店舗の出店や企業のM&Aの際にも、松村と役員たちは明け方まで話し合うことがあったが、それは攻めのビジネスだ。しかしコロナとの戦いでは攻め続けていた松村が、初めて守りに転じたのだ。

しかし、どんな経営方針を立てようとも日々の売り上げがほぼ見込めない状況ではなす術がなかった。

「人間でいえば、私たちの会社は、怪我を負って血管を損傷し、そのまま止血ができない状態でした。息も絶え絶えの中、延命のために借金というその場限りの輸血を繰り返している。平時の盤石な経営体制など、何の役にも立ちませんでした」

2020年3月から8月の半年間で92億円もの資金を使い果たしたのだ。生きたここちがしなかったと松村は言う。

「こんなに短い期間で巨額な資金を使い切ったことへの驚きと悔しさに、私は息を呑みました」

松村へ苦々しい表情で報告した鹿中と樋口も、微動だにしない。松村は腕を組み、沈黙した。そして考えた。

「自分は経営者として社員を守り、店を守り、会社を守ることができるのか？　そう自問しても、答えが見つからなかったです。どんなことがあっても大丈夫なように準備をしてきたはずなのに、そうならなかった。２０１１年以降は、東日本大震災のような自然災害に遭っても倒れない会社作りが私の使命でした。だからこそ、東証二部上場、東証一部上場を経て資金を調達し、難しいM&Aも力を合わせて成功させ、日々の現金収入以外の利益も見込める外食以外の会社も保有しました。２０１７年にはＤＤホールディングスという持株会社を作り、ダイヤモンドダイニングをはじめ傘下とした会社の戦略や経営方針の立案等に、優れた人材を配してきたのです。それなのに、未知のウイルスが蔓延して半年もしないうちに会社は全ての資金を失ったんです」

顔を上げた松村は心とは裏腹に、前を向くしかないよ、と鹿中と樋口に告げていた。

「これからまだどれほどの資金が必要になるかわからない。銀行を回って追加の融資を頼もう」

わかりました、と言って頭を下げた二人は走るように社長室を後にした。

銀行の融資を受けたとしても、その資金はつまり会社の借金になる。ウイルスの蔓延が続けば、店の営業は元には戻らない。

「未来が見えないことへの恐怖は、人生で初めてのことでした」

コロナのニュースに耳を傾けながら連日経営会議が行われた。支出を極限まで減らし、来客が激減した中でどうやって収益を上げるのか。松村も他の経営陣も知恵を絞り、取れる手立てを並べ上げた。

「できることを全てやろうと話し合い、社員全員でそれを実践していきました。でも、時には、暴れたい気持ちにもなっていましたよ。こんな理不尽なことがあるのか、と怒りだけが込み上げていましたから。自分の失敗で資金を失い、経営が傾いたなら受け入れる以外ありません。でも、ウイルスの襲来など誰が予測できたというのですか」

コロナに手も足も出ず、当面の資金の調達に追われる自分は、まるで羽をもがれた鳥だった。いつ収束するかもわからないパンデミックの渦中で、本来の仕事は何もかもできずにいる。

「なんとかしなければ、と金融機関やテナント先を奔走しながら、気がつくと自分の中の怒りと向き合っているんです。2001年6月、銀座に『VAMPIRE CAFE』をオープンしてから19年、店は500店舗以上になったんです。その全てがオリンピックイヤーに向け完璧な準備をしてきたんですよ。それが、目にも見えない、触ることもできないウイルスによってボロボロにされていく。冗談じゃない、そんなこと認めるわけにはいかないぞ、と腹が立って、体が震え出してしまうんです」

だが、松村は社員の前で内なる怒りを露わにすることはなかった。彼の体を貫いていたのは、この会社を潰すものか、という意地と根性だった。

「社長室で一人になると、思わず『死んでたまるかっ！』と叫んでいました。私は身を切り、骨を打ち砕くような決断を下す日々でしたが、毎朝毎晩、決して逃げない、と自分自身に誓っていたんです」

経営陣の不眠不休の奮闘

秋を迎える頃、もはやコロナ禍が収束し景気が回復することを見込んだ経営計画など、あり得ないことが明白になっていた。

政府と東京都の要請に従い、営業時間やアルコールの提供をコントロールしなければならなかった状況下で、松村は会社の縮小と人員の削減に大鉈《なた》を振るうことになる。

「三田にある本社ですが、２フロアを借り切っていたオフィスを１フロアに集約しました。感染防止のためにテレワークも取り入れていたので、デスク数も3分の１に減らして、出勤の人数を大幅に制限したんです。２０２０年の10月には事前の予約が入らなくなったため、人件費を抑えるべくコールセンターも停止したんですよ。電話での予約対応には本社の社員たちが当たりました」

オリンピックで飛躍するはずだったホテルの新規事業も一時凍結しなければならなかった。

「2017年から怒濤のM&Aを続けてきたのですが、その中でも最も大きな成果は、2019年に買収した湘南レーベルというホテルチェーンです。2020年東京オリンピックでヨットレースが開催される江の島ヨットハーバー（湘南港）がある湘南エリアを中心にホテルを4棟有する湘南レーベルは、DDホールディングスが外食以外の観光事業に乗り出したことの狼煙《のろし》でした。1000店舗1000億円への起爆剤としてホテル事業とのコラボは必須だと考えていました。買収後から改装を進め、若者やインバウンドのお客様に対応する仕様になるはずでしたが、その工事も一旦止めることになりました。再開の目処も立たないままで」

松村は、コロナ前の売り上げが激減してもコロナ前と同じような利益率が取れるよう、新たなコスト計算を社内に命じた。さらに重要なのは、店舗の閉店の見極めだった。松村は現場のスタッフとともに集客数や客単価、利益率などと地図を照らし合わせ、その作業にとことん時間を割いた。

「外食業界はいかに好物件を押さえるかで、売り上げが大きく変わります。言うなれば陣地争いなんです。いい物件を取るために、高い家賃をのんだ店も数多くありました。その中でどこを残し、どこを閉めるのか。会社の存続に関わる重要な決定でした」

店を閉める苦労は開店の苦労の何十倍も大きかった、と松村は目を伏せた。

「たとえば、品川駅港南口のドミナント戦略。品川はこのドミナント戦略のおかげで利益率がものすごく良かったんですよ」

ドミナントとは、「優勢な」「優位に立つ」という意味を持つ単語だ。飲食店などがチェーン展開をする際、地域を特定し、その地域に集中して店舗を展開することで経営効率を高め、さらにシェアを拡大することができる。こうして競合店の優位に立つことを狙うことから、ドミナント戦略と呼ばれているのだ。練りに練ったこの戦略がＤＤを苦しめることになるとは、全くの想定外のことだった。

「ＤＤホールディングスは、品川港南口のインテリジェントビルに15店舗を出店していました。1年を通して宴会が入り、12月や1月などは品川の大企業に勤めるビジネスマンが連日忘年会や新年会で利用してくれていました。客層も良く、売り上げ単価も高かった。クレームも全くありませんでしたし、どの店も大きな利益を上げていました」

予約した店が満席なら、隣の店へ。その店も満席なら隣のビルの店へ。予約を求めるその店が全てＤＤの店なのだから、品川の港南口では来客を取りこぼすことがない。これがドミナント構想のダイナミズムだった。

「しかし、品川の高層ビルにオフィスを持つ優良企業はコロナ禍ではリモートワークが当然となり、ついには会食禁止にもなっていました。宴会需要を見越した品川の店は席数の多い大型店ばかりです。面積が大きければ、その分、家賃も高い。稼ぎ頭だったドミナント戦略の15店舗が、コロナ禍では経営の足を引っ張る形になっていったのでした」

取締役社長室長である青木がドミナント戦略をはじめとする松村の経営手腕による成功を示す数字とコロナによる凋落を解説してくれた。

「2019年は創業以来最高益を記録していました。2020年に入ってもその勢いは止まらず、1月の売り上げは前年比100%超。2月の最終週ぐらいから落ち込みがありましたが、それでも97%です。3月は66%でしたので、その頃から明らかにコロナの影響が出始めたんですが、それでも2020年2月期業績は最終的には過去最高益を発表できました。ところが、4月に緊急事態宣言が出て、ゴールデンウィーク明けまでは、DDも全ての店を閉めることにしたんです。緊急事態宣言以降は、テイクアウトなどを導入し少しでも売り上げに繋がるようにする方針になったのですが、その数字は惨憺たるものでした。さらに、ゴールデンウィーク以後は予約が全く入っていない状況で、先が全く見えませんでしたね」

2020年の4月は、DD創業以来の落ち込みである前年比95%減だ。5月から徐々に店舗を開けてはいたが客足は戻らず前年比97%減。時短営業が始まった6月は前年比57%減。閉店とアルコール提供の時間制限が続く7月も50%減。徐々に回復傾向にあったものの、通常の売り上げには遥かに届かない。

10月から11月にかけては、営業努力もあって単月で黒字に転換する。11月は30%減にまで戻ったが、年末は各社の宴会禁止が響き、前年比52%で停滞していたという。

「2020年の年末の段階では、エリアによって売り上げが戻っている店舗とそうでない店舗の差が出ていました。とにかく深い痛手を負ったのは、やはりビジネス街です。ビジネスマンに向け、飲み放題付きの宴会セットで売り上げを取っていましたから、その強みを全く生かせませんでした。東日本大震災の時にも一時期、宴会を自粛する傾向がありましたが、落ち着いてくると『飲食店に行って応援しよう』という風潮もありました。でもコロナ禍は違います。外出し、人と会うことで感染の危険があるのですから。つまり、外出し、食事や宴会をしていただかないと利益が上がらない私たちにとっては簡単に息の根が止まってしまう世界になってしまったんです。どこにも出口が見えない状況で、短期間で回復はできないことは明らかでした」

経営陣は、どこまで売り上げが回復できるのかと予測を立て、営業利益追求の戦略を立て続けるしかなかった。松村はここで苦渋の選択を迫られることになる。

「コロナ禍の流れを見ると、100%売り上げは戻らない。その前提で60%から70%の売り上げで利益を出すとなると、どうしても人件費を削るしかなかった。社員には申し訳なかったのですが、給与減額を決断し、それを伝えました。そして、パートナーの方々には、一旦仕事を休んでもらうことにしたんです」

飲食店では、通常、客の入りが悪い時や、天候が大幅に崩れる時などパートやアルバイトの出勤を断ることがある。また、雇用契約書には勤務日数が週3回と記されていても、実際には当人の都合で週2回しか勤務できない時もある。つまり、報酬は「働いた時間給」になるわけだが、会社の決定で勤務を取りやめた場合は、雇用契約書に記された週3回の6割を休業補償しなければならないのである。

「社員には給与の減額を納得してもらうわけですが、パートナーさんにも出勤がないとしても既定の6割の報酬を補償しなければいけないんです。違反すると刑事罰の対象になるような重大事項で、もちろんそこはきっちり支払いました」

青木の説明を横で聞いていた松村は重い口を開いた。

「退職したいと申し出る人が想像以上にいたんですよ。会社がどうなっていくかわからない状況でしたから、無闇に引き止めることはできなかった。現場のスタッフはみるみる減って、本社の事業部長がサービスに、メニューを考案する事業部料理長がキッチンに入ったくらいです」

利益を上げるために人員を減らせば、店に立つ従業員の負担が増える。それだけでなく、サービスが行き届かなくなることも否めなかった。松村の苦しみは日を追うごとに募っていった。

「辞めていった社員の退職の理由は休業や時短営業でお給料が減るからという人もいましたが、外食業界から転職したいという人もいました。そして負担が増えることからくる、モチベーションの低下も要因になっていたんです。現場スタッフの負担が増えてサービス低下にも繋がり、お客様満足度も下がる。それでも、利益を上げるためには店を開けなければいけない。店を開けることで精一杯で、仕事をする意義が見出せなかったりモチベーションが上がらなかったりする社員も大勢いました。その中で、それでも現場のスタッフは店に立ちお客様を迎えました。ところが、お客様からは『コロナの中でもわざわざ来たのに、これまでのメニューやサービスと全く違うじゃないか。この内容は何だ！』とお叱りを受けることもあったんですよ。コスト削減のためにスタッフの数を減らしているのは店の落ち度なので、そう言われても仕方がないことですが、現場の疲弊度は、かなり大きいものがありました。社員をそんな目に遭わせていることが何より辛かった。でも、私にできることといえば、店を回って声をかけることぐらいでした」

空席だらけの営業も、給料の削減も、お客様のクレームも、受け止めて働く社員のために、松村は会社存続の次なる方策を考えていた。

「さらなる資金調達です。もっと大きな資金を集めるための行動に移っていきました」

資金調達で先陣を切ったのは、経営管理本部長、斉藤征晃だった。

「弊社が存続するためには支出の削減だけでなく、新たな資金調達が必須です。２０２０年の秋からは、『エクイティ』で、資金調達をしていました。『エクイティ』とは新株予約権を発行し、証券市場から資金を調達することです。しかし、これには、松村社長の持ち株比率が下がってしまうというリスクがありました。本当は避けたかったのですが、どう対策を練っても、あの時期の資金調達ではこの方法しか残っていませんでした」

DDホールディングスの最大の株主は松村厚久自身である。松村の株は売却しないが、新株を発行することによって持ち株比率は当然下がる。実際、最大42％あった松村の持ち株比率は、エクイティ後には35％までになった。

「持ち株比率は、社外・社内への発言力と比例します。役員会でも時間をかけて議論をして、これが会社を救える唯一の手段なのかというところを確認していただき、最後は松村社長にご決断いただきました。けれども、この決断は、そうとうの覚悟があってのことだったと思います。会社を救うために、最も大きな決断をしていただきました」


経営陣は苦悩しながら、2020年の年末に向けて退店の数を増やし、その該当スタッフについては一人一人に説明をして、退職勧告を行った。その結果、スタッフは半数ほどになった。また本社においても9月の吸収合併でゴールデンマジックなど4社の子会社の本社機能がなくなったことで、ホールディングスの社員30人が一気に退職したのだった。

12月になると、社員たちがショックを隠し切れないニュースが社内を駆け巡った。松村とともにダイヤモンドダイニングの店作りに力を尽くしてきたブランドデザイン室室長の河内哲也が、松村に退職届を提出したのである。河内のこの決断は、松村とDDホールディングスを第一に思えばこそ導かれたものだった。

「松村社長と業態を開発し、場所を見つけ、店作りをする私の仕事は、コロナ禍では休まざるを得ませんでした。離職者を求めている中で、仕事ができない状況の私が辞めることはむしろ自然なことで、迷いはなかったです。松村社長は退職届を持っていった私を慰留し、それが叶わないと知るとすぐに『河内さん、個人のコンサルタントとして業務提携してくれますよね』と言って、その場で契約してくださいました。なので、社員でなくなってからも変わらず仕事はさせていただいています。松村社長とは、毎週月曜日に長いミーティングを重ねていますが、その最後には『河内さん、また100店、200店と新しい店を作っていきましょう』と言って、ミーティングを終えるんです。これからも変わらず松村社長の傍で、DDにしかできない店作りの手伝いをしていくつもりですよ」

山本とゴールデンマジックを牽引してきた社員をはじめ、ダイヤモンドダイニングの支柱であった河内、その他の社員も大量に退職した。また、1000店舗に向けて進み出した経営計画はコロナ禍で白紙に戻り、3月に489店あった店舗は退店整理の上462店にまで減っていた。退職や退店は、それでも足りず、まだその数を増やさなければならない。

松村や役員たちの、不眠不休の作業を社員たちは黙って見守った。しかし、急激な資金繰りの悪化や、松村の熱狂を知る社員の退職などが不安を煽り、社内には暗雲が垂れ込めていた。決断が後手に回っている、決定事項が社員になかなか伝わらない、本当に経営再建を図れるのか、など、小さな不安が口々に溢れると、いつしか社内には疑心暗鬼の影が漂うこともあった。

松村もそのことは察知していた。

「言い訳はできませんが、規模も体系も大きくなったＤＤホールディングスは、私が一人で社長を務めていたダイヤモンドダイニング時代とは違いました。大量出血で今にも死が迫るような状態の中、一分一秒の判断と治療が必要なのに、組織が大きくなった故の不透明さがありました。私の務めは、社員のみんなの不安を消し去り、どんな時にも魂は繋がっていると伝えることです。だからこそ、パーキンソン病で自由に動かない体を、これまで以上に憎いと思っていました」

AMAZING NEW NORMAL

当たり前の日常が一変し、誰もが心に不安を抱えていた。

「でも、だからこそ、そんな暗い気持ちを吹き飛ばす強力なメッセージを発したいと考えていました」

そして、ＤＤホールディングスが掲げたメッセージは「AMAZING NEW NORMAL（素晴らしい新たな日常）」だ。このキーワードをイメージして撮影した動画は、株式会社ＤＤホールディングスコーポレートサイトのトップページにアップされた。

そもそものスタートは年賀状だった。コロナ禍にあって多くの会社が、凝った年賀状を作る余裕はなかった。しかし松村は、こんな時だからこそ自分の熱き思いを社内外に広く訴求するべきだと考えたのだ。

「12月に入ってすぐ、社長室長の青木とクリエイティブデザイナーである横山真司に、年賀状を作りたいと告げたんですよ」

コロナの感染対策をしながらの生活を「ニューノーマル」と呼ぶメディアが増えていた中、松村は「俺たちはニューノーマルすら、超えていこうぜ」と、青木と横山に語りかけた。

松村の言葉を受けた横山は「AMAZING NEW NORMAL」という言葉を考えつき、伝えた。

DDホールディングス2021年の社長年頭挨拶は、こうだった。

AMAZING NEW NORMAL

謹賀新年

旧年中は格別のご愛顧を賜り厚く御礼申し上げます

新型コロナウイルス感染症の一日も早い終息を願うとともに

「コロナ禍が終わったあとにやってくる、新しい常識、新しい生活を、迎え入れよう」

そのメッセージは、松村と全社員の思いであった。誰もが「2020年の苦労が報われ、希望の光が見える2021年になるはずだ」と思いながら、新年を迎えたのだ。

しかし、その願いは無残にも打ち砕かれる。

2021年1月7日、東京都、神奈川県、埼玉県、千葉県に、2回目の緊急事態宣言が発出されるのである。

第2章

コロナ禍における苦渋の日々

都知事選出馬の決意

松村の回想は生々しい。

「第一次緊急事態宣言以降、病気を患っている人たち、糖尿病や肥満といった成人病を抱える人たちが感染すると重症になり死亡率が高くなる、というニュースが流れ、酸素マスクをし、命を繋ぐための最終手段というエクモを装着され治療を受ける患者さんの映像が繰り返しオンエアされました。医療も逼迫して、コロナ患者を受け入れられる病院が限られていて病床が常に足りないこと、救急車や保健所が忙殺され機能不全に陥っていることなどが報じられて、感染したら終わり、という恐れが蔓延していきました」

そこで強く叫ばれたのが「不要不急」である。

「不要不急の外出を控えてください、不要不急の集いを行わないでください、という要請が政府や東京都から、何度ももたらされました。感染を防止するためですから仕方がないことですが、これで音楽や演劇、映画など人々の娯楽が大ダメージを受けます。もちろん、外食業界も同様です。私はその時、コロナ後の世界を思っていました。エンターテインメントも、外食も、本当に息の根を止められてしまったら、復活することができません。何十年もかけて作ってきた信頼も、そこで働く人々も、みんな消えてしまいます」

感染を防ぐことは何より重要なことは疑いがない。しかし、文化芸術や日本の外食業界を守り、未来への扉を閉ざさないためにはどうすればいいんだと考える人間が絶対に必要だ、と松村は考えた。

「国民を守りながらも、文化の火を消さない。それはやはり政治しかない、と思いました」

第一次緊急事態宣言を経て倒産の危機すら叫ばれる状況にあったＤＤホールディングスの舵取りに全力を尽くしていた松村は、同時に、外食業界のために身を捨てるような気持ちで、あることを思い立つのである。

「実は、２０２０年の7月5日に行われた都知事選に立候補しようと思ったんですよ」

笑い話のような突拍子もないこの行動を、松村は本気で考えていたのだった。

「私よりふさわしい人に頼んだのですが、その方が無理だと言ったので、自分で出ようと決めたんです」

そこにはこんな経緯があった。

２０２０年4月7日、最初の緊急事態宣言が始まって日本中が混乱を極めていた。そんな中、人の動きが止まったゴールデンウィークに「7月5日、現職都知事の任期満了に伴う選挙が行われる」というニュースを聞くと、松村は矢も盾もたまらずある人に電話をかけていた。松村にとっての生涯の親友である近藤太香巳だ。ネクシーズグループの創業者であり代表取締役社長である近藤は、日本一の規模である４０００人以上の経営者が会員として名を連ねる一般社団法人パッションリーダーズの代表でもある。

「iPhoneの画面をタップして近藤さんに電話をし、開口一番『都知事選に立候補してください』と伝えました」

電話を受けた近藤は、「なんやて⁉」と驚き聞き返しながらも、興奮気味の松村の掠《かす》れた声に耳を傾けた。

「電話に出ると松ちゃんが勢い良くしゃべってる。最初はなんて言っているかわからなくて、ゆっくり話して、と伝えると『都知事選に出て欲しい』という言葉が耳に届きました。最初は、こんな時にどんな冗談やねん、と笑っていたのですが、その口調は超マジで、本気だとわかりました。笑い話にはできない気配に、松ちゃんの思い詰めた気持ちが伝わってきましたよ」

松村は、近藤と出会った20年ほど前から、たびたび「近藤さん、いつか都知事になってください」と、言っていた。

「松ちゃんには、実業家が政治家になることでより良い行政が行える、という考えがあったんですよ。『近藤さん、日本が最大のピンチを迎えている今こそ、都知事になってください』と繰り返し言うんです。本気で『出てくれ』と言ってきた松ちゃんを鼻であしらうはずがありません。僕は仕事を中断して一人になり、彼の電話に集中しました。松ちゃんは、このままでは日本が築き上げてきた産業・文化が廃れてしまう、近藤さんが立候補して、それを都民や国政に訴えて欲しい、と繰り返し言っていました」

都知事選の告示日は6月18日。投票日は7月5日だ。コロナ政策で陣頭指揮をとる現職都知事小池百合子の再選は、燃え盛る火を見るより明白なことだった。

「普通に考えたら、時間もないし、一度も選挙を戦ったことがない僕が小池都知事に勝てるわけもないですよね。けれども松ちゃんは、『近藤さんが出るしかない』の一点張りです」

国や都の政策の煽りを受け、最もダメージを受けている外食業界のリーダーでもある松村の気持ちも痛いほどわかったが、近藤も松村に嘘はつけなかった。即座にノーを突きつけたのである。

「自分の会社も当然コロナの煽りを受けていましたし、この先何が起こるかわからなかった。それに、準備をしない選挙など、単なるパフォーマンスでしかありません。なので『無理だよ』とはっきり、何度も言いました」

すると松村は、近藤に向かって「俺が出る」と言い出した。

「僕が出馬なんて無理だよ、と伝えた直後でした。その電話の最中に、松ちゃんは『じゃあ、俺が立候補します』と言ったんですよ。あまりにも一本気にそう言うものだから、『いいんじゃないの。頑張れや、松ちゃん』と、応援するようなことを言ってしまったんです。それは、彼には言ってはいけない言葉でした」

電話を切って5分も経つと、近藤は冷静になり、「頑張れや」と言ったことを猛烈に後悔していた。

「あいつが出たら大変なことになる。DDホールディングスの経営は困難を極めていて、松ちゃん自身はパーキンソン病も抱えている。いろんな意味でブーイングを浴びるだけだ、と思ったし、それをなぜ親友にストレートに助言できなかったんだろう、とその夜は眠れませんでした」

脳内にアドレナリンが噴き上がっている松村は、ゴールデンウィーク明けには、鹿中、樋口、斉藤、青木に「俺は都知事選に立候補する」と宣言していた。松村は、選挙戦で「不要不急」で片づけられてしまう文化や産業の窮地をひたすら訴えたかった。その結果、選挙に負け木っ端微塵になってこれまでの人生を歩めないことも覚悟した。

「私はすぐに役員の斉藤に言って立候補に必要なことを調べさせました。都知事選出馬を知った仲間のほとんどは『何を馬鹿なことを言っているんだ』と笑いましたが、何人かは『松村なら、今の政治に風穴を開けられる』と言って、応援してくれましたよ。その一人が、外食虎塾を主宰する安田久さんです」

松村から、都知事選出馬の準備をして欲しいと頼まれた斉藤が最初に松村からその意思を聞いたのは、ゴールデンウィーク明けの最初の役員会だった。斉藤は、松村の信念に心を動かされていた。

「2020年5月11日の役員会で松村社長は都知事選に出馬する、と宣言なさいました。コロナ禍は、食べ物の大事さ、仲間と集って食事を楽しむことの安全性などにも目を向ける非常に大切な機会になったのではないでしょうか。コロナ危機の中で、飲食店の再定義がされたはずです。ですから中途半端な気持ちでやっていたお店は、未来には残せない。そう言った松村社長は、『今こそ、飲食業の地位向上にさらに取り組めるチャンスだ』というポジティブな思考になっていたと思います。だからこそ、都知事選挙に出たいと思ったのではないでしょうか。今まで自分が外食業界を引っ張ってきたという自負は当然お持ちだったと思いますが、それだけでなく『自分がトップに立って外食業界の火を消さない、業界全体を守るのだ』と考えていたのでしょう」

本気だとわかった斉藤は東京都に、タイムスケジュールや条件を確認することになった。

知事の被選挙権は、公職選挙法によって以下の3つが定められている。

・日本国民であること
・満30歳以上であること
・300万円の供託金の支払い

都知事選の出馬に際し、斉藤は、松村はDDホールディングスの社長の座を降りるのか、社長と都知事が両立できるのか、と松村に問いかけた。松村は、規則はともかく出馬するなら社長を辞するべきだという考えを持っていて、それは斉藤も同じ考えだった。

「私は、松村社長が自分の決意のもと出馬をして外食業界の苦境をご自身で訴えると決めたなら、そのために必要なことを全てします、とお伝えしました。その代わり、ＤＤの経営から離れるわけですから、今後のことも至急お考えください、と何度もお話ししました」

この時、松村は斉藤に「わかった」と返事をしている。

「社員に迷惑をかけることはわかっていました。しかし、社長を離れてでも、このまま消されてしまうかもしれない日本の外食文化の危機を、選挙活動や政見放送で訴えたかった。本気でそう思っていました」


実際、選挙戦を戦うとなればどんな準備をすればいいのか。全く知識がなかった松村は再び斉藤に情報収集を頼んだ。この時、斉藤は、高校の友人に大阪府下の首長がいることを松村に話している。

「すると、すぐに詳しく聞きたいということになり、その場で友人に電話をかけ、スピーカーにして話を聞きました。立候補届を出し、選挙期間にはどんな活動をするのか、どのような人材が必要なのか、松村社長は彼にいろいろと尋ねていました。６月３日のことです」


経営の指揮をとる松村の都知事選立候補。一度これと思い込んで突き進む松村に周囲は驚くしかなかった。近藤のもとへ、社長室長の青木は懇願の電話を何度も入れていた。

「役員一同で制止しても言うことを聞いてくれません。うちの代表は一度言い出したら後には引かない性分だから、なんとか説得していただけないでしょうか、それは近藤さんにしかできません、とひたすらお願いしました」

そう泣きつかれた近藤は、松村に電話ではなく、直筆の手紙を書くことにした。

「松ちゃんからの電話の最後に、勢いでしたが出馬を勧めるようなことを言ってしまった責任を感じていました。なので、松村を説得するのは自分の役割だと思っていましたよ。彼が都知事選に出たいという気持ちはものすごくわかります。このまま手をこまねいていては外食業界が死んでしまう、もちろん自分の会社も含めて、多くの外食企業にとって取り返しのつかないことになる、と考えていたのですから。後手に回る国の施策や三密回避で感染予防などという表面的な小池都知事のパフォーマンスに対し、松村は怒りを持っていたし、『自分がなんとかしないといけない』という気持ちになっていたんです。彼の心の中には、都知事選に勝つ・勝たないという考えは毛頭なかったと思います。そうではなくて、世の中や政府に対して、『このまま日本の外食文化の火を消してしまっていいのか』と、問いかけたかったんだと思います。コロナの感染源にさえされている業種・業態を代表して、声を上げたかったのでしょう。それでも、ＤＤの現役経営者であり、若年性パーキンソン病と闘っている松村は、都知事選に出るべきではない、と僕は思いました」

近藤は、他の誰もが言えない真実を松村への手紙に綴った。

《松ちゃんの気持ちは痛いほどわかる。松ちゃんの外食業界を守ろうとする意志と正義感は外食産業、そしてこの国の希望になるよ。本当に勇敢だ。その勇気に頭が下がる。けれど、その体でどうやって選挙戦を戦うのか。残念ながら、松ちゃんの健康状態ではマイクを通しても声が届かない。自分の言葉では伝えられないぞ。誰かに支えてもらう姿での出馬はパフォーマンスと言われるだろう。そうなれば、多くの株主さんを心配させる。都知事選に出馬した松ちゃんの本意などわかろうともせず株主総会で罵声を浴びせられることもあるだろう。そんなことになったら社員が可哀想だ。だから今回の立候補は、松ちゃんのためにも、会社のためにも、社員のためにも、思いとどまって欲しい。近藤太香巳》

松村はその夜、近藤からの手紙を寝ずに繰り返し読んだという。そして、翌日、役員が集っている場でこの手紙を披露した。

「社員には、熱にうかされるように、都知事選の立候補に突き進んでいったことを詫びました。私は近藤さんの手紙でようやく冷静になれたんです。私の病気のことを文字にすることは、近藤さんだってきっと辛かったと思います。でも、私にとっての一番の親友だから、自分の思っていることを正直に伝えてくれたのでしょう。ありがたかったです」

出馬を取りやめた松村は都知事選を静かに見守った。令和に入ってから初めての都知事選挙における立候補者の人数は、歴代最多となる22人。7月5日の投票結果は、現職の小池百合子が次点以下に大差をつけ、再選された。

「都知事選の行方を見守りながら、とにかく、会社を潰してはならないのだ、と自分に言い聞かせていました。この状況をサバイバルして、再び蘇り、そこで外食とその文化のためにできることを自分で行うのだ、と。この出来事は私をより強くしてくれたと思います」

第二次緊急事態宣言

2021年1月7日、ついに2回目の緊急事態宣言が発出された。

さらに2月には医療逼迫が緊急の課題となり、緊急事態宣言に至らない段階での感染拡大を防止する方策として「まん延防止等重点措置」が新設された。これは内閣総理大臣が発出する緊急事態宣言とは異なり、都道府県知事の判断に委ねられ、発出されていた。

松村が318店舗を営業していた東京都では、緊急事態宣言とまん延防止等重点措置（以下、まん防）が繰り返し発出されていたのである。

東京都
緊急事態宣言：2020／4／7（火）～2020／5／25（月）
緊急事態宣言：2021／1／8（金）～2021／3／21（日）
まん防：2021／4／12（月）～2021／4／24（土）

緊急事態宣言：2021／4／25（日）～2021／6／20（日）
まん防：2021／6／21（月）～2021／7／11（日）
緊急事態宣言：2021／7／12（月）～2021／9／30（木）
まん防：2022／1／21（金）～2022／3／21（月）

日本中の外食の経営者が悲鳴を上げた2020年春から2022年春までを、松村が振り返る。

「2020年の夏にキャッシュフローを失った我々は、とにかく取引銀行に緊急融資を依頼しました。M&Aなどの前向きな事業のための融資ではなく、生き残るためのサバイバル資金です。なので、コロナの感染が収まらなくてもなんとか営業をして少しでも利益を上げる必要がありました。ところが、コロナは私たちの苦しみなど嘲笑《あざわら》うように感染を拡大していきました。2回目の緊急事態宣言は2021年1月8日～3月21日です。これは長かった。1回目の緊急事態宣言には店を閉めた我々も、感染予防しながら営業をしていく方針を打ち出しました」

松村は外食業界に吹き荒れた家賃地獄を掘り下げて解説してくれた。

「家賃ですが、多くの方は一旦店を手放したら莫大な家賃から解放されるじゃないか、と思うでしょう。ところが、大手の不動産会社と賃貸契約を結ぶ場合、保証期間があり、今月言って、来月出ていく、というようなことができないのです。店を閉めても半年家賃を支払わなければなりません。なので、選択肢としてはわずかでも収入が見込める時短営業を選んだわけです」

20時に店が閉まるその現実に、松村はある恐怖を抱くようになったという。

「売り上げが落ちる厳しさとは別に、お客様が居酒屋やバーから離れてしまう、戻ってきてくださらない、という現実がヒタヒタと迫っている、そんな気配を感じていたんです」

20時を前に、マスクをした人々が地面だけを見て急ぎ足で駅へ向かう様子を見る日々は、松村に寂寥《せきりょう》感だけを与えるのだった。


一方、2021年になり、外食の大手企業にも協力金が支払われることになった。しかしここにも松村のような当事者でなければわからない紆余曲折がある。

「2020年、私たちは多くの社員の退職を促すことになってしまいました。その年の4月から導入された雇用調整助成金の特例措置がありましたが、手続きが複雑で助成金（対象労働者1人1日当たり8330円が上限・のちに15000円に増額）が会社に入って社員に渡せるようになったのは20年の夏以降のことです。あわせて、外食の大手には、休業や時間短縮に応じても全く補償がありませんでした」

2021年1月7日、東京都は時短営業に応じた飲食店に、協力金を支給することを発表した。老舗の店舗や外食企業が閉店し倒産する状況に、政府や行政がようやく動いたのである。

以下は、2021年から2022年まで、東京都の大企業の飲食店にもたらされた協力金の一覧である。

2021年1月22日〜3月21日
1店舗1日6万円
2021年3月22日〜4月11日
1店舗1日4万円
2021年4月12日〜10月24日
2022年1月21日〜3月21日
1日当たりの売上高の減少額×0・4（上限20万円／日）

DDの口座に右記の東京都からの協力金が入ったのは2022年3月である。一気に振り込まれることになった協力金により経営は加速度的に改善されていった。しかし、言い換えれば、そこまで生き残らなかった店舗や外食企業は、協力金を得ることがなく、閉店や倒産に追い込まれたのである。

話は２０２１年１月７日、２度目の緊急事態宣言発出時に戻る。松村が当時の悩ましい状況をこう吐露する。

「１店舗当たり１日６万円の協力金が発表されても、私たちには不安しか残りませんでした。報道でも騒がれましたが、個人事業主も中小企業も、大手企業のチェーン店も同額だったからです。大きな箱で数十人のスタッフを有する店でも、自宅で個人が経営する一坪の店でも、一律６万円です。この〝不公平〟に大手外食企業のオーナーたちがメディアを通して異議を唱えました。それにより２０２１年４月以降には、１日当たりの売上高の減少額×０・４（上限20万円／日）という計算式による協力金がもたらされたのです」

この頃、外食の経営者たちの間では、法的な拘束力を持たない時短要請を守るのか、守らないのか、という議論が飛び交っていた。松村も大いに悩んだ一人だった。

「協力金が得られることはわかりましたが、その手続きは本当に煩雑で時間のかかるものでした。さらに、いつ入るかわからない協力金を待つより、時短やアルコール制限を無視して営業すれば、地下営業のようなイメージではあっても大きな日銭は稼げました。もちろん、ＤＤは国や東京都の要請を遵守することを選びましたが、正直、瀕死の重症に陥った会社の経営を鑑みれば、外食アウトローだと言われても、要請無視に舵を切る経営者がいてもおかしくないと思っていました」

要請を守ると「感染予防をしている安全な店」と承認され、発行される虹の絵柄のステッカーがあった。ＤＤは全店舗にそのステッカーが供給されたが、経営者に安堵をもたらすものではあり得なかった。

松村の言葉通り、政府や東京都の時短要請に従わず、平常通りに営業した企業もある。大手外食企業の株式会社グローバルダイニングは、２０２１年1月7日、2度目の緊急事態宣言における時短営業要請を「受け入れない」と宣言していた。翌日には一部店舗での時短営業を表明したが、それも、その後、法的義務のない時短要請は違憲・違法であるとして東京都を提訴するまでだった（賠償請求額が「1円×26店舗×時短営業を行った4日間＝１０４円」だったこともあり、注目を集めたことを記憶している人も多いに違いない）。

グローバルダイニング代表の長谷川耕造は、緊急事態宣言の間も、まん延防止等重点措置の間も自社の店をフルで稼働し大きな売り上げを上げていった。

時短の中、要請を無視して通常営業をしたグローバルダイニングを「ずるい」と揶揄する者も多かったが、松村は誰に何を問われても「経営者の判断ですね」としか言わなかった。

「多くの従業員を抱える外食業界のオーナーたちはアプローチこそ異なりますが、自社の店舗や従業員を守るために、見えない敵と必死で戦っていたのです。長谷川さんを責めることは、誰もできないと思います」

東京都からの時短協力金

2021年1月には、初めてのバンクミーティングを開催した。バンクミーティングとは、取引のある全ての金融機関が一堂に会して話し合いを行うことである。主な議題は、全銀行への借入金の返済方法の相談についてだった。

ミーティングの際には、話し合いを円滑に進め、同意を得るための準備が必要だ。斉藤は、コンサルタントとともに、短期的なPL（損益計算書）、キャッシュフローによって退店を見込んでいる店舗、不採算事業に関して売却するのか、どのような形で売却するのかなど、さまざまな資料を用意し、説得材料としてまとめた。

斉藤は、「ここが経営立て直しのための大きな分水嶺《ぶんすいれい》でした」と語る。

「バンクミーティングで、借入金の返済方法を決めるには、融資を受けている金額にかかわらず、全銀行の同意を取ることが必要なんです。借りた金額が100億円でも5000万円でも関係ない。DDホールディングスは、三井住友銀行、みずほ銀行、三菱UFJ銀行、りそな銀行に加えて、横浜銀行、広島銀行や京都銀行などの地方銀行など、19の銀行から融資を受けており、全ての銀行から同意を得なければなりませんでした」

松村とともに斉藤が立てた戦略はこうだった。

「当時、メガバンクからは緊急融資という形で融資をしていただきましたので、まずは通常の融資の地銀から弁済を止めていただくことが最優先でした。お金の流出を止めることです。そこで尽力いただいたのが、森・濱田松本法律事務所の藤原総一郎先生です。企業再生系の弁護士の中では日本でトップクラスといわれている方で、私の知人が知り合いだったのですが、急遽依頼したのです。２０２０年の年末には、『取引のある銀行団に対してリスケの依頼をしなければなりませんね』とメインバンクの三井住友銀行さんから言われていたので、そのタイミングで紹介していただきました。すぐに樋口さんと一緒に会いに行って、1月5日からバンクミーティングを準備したい、と伝えました」

これをまとめなければ最悪の事態になる。そんな緊迫した状況を、松村と経営陣は手を携えて乗り越えていったのだ。

２０２1年2月には債務超過に陥る可能性が高かったＤＤが「生き残る」ための仕事を、斉藤は続けた。

「さらに、キャッシュの調達です。新たに50億円を調達することにして、そのために動いていました。２０２1年の4月から日本政策投資銀行（ＤＢＪ）の審査が行われ、松村社長にも1ヶ月ごとに面談を受けていただきました。ＤＢＪ飲食・宿泊支援ファンドからは２０２２年2月28日に50億円の振り込みがあり、なんとか債務超過を解消することができました。２０２２年2月期の決算までに債務超過を解消していなければ、上場廃止基準に抵触してしまうところでしたので、ここは本当にギリギリの攻防でした。上場廃止基準も解除となって、この時には松村社長の表情もとても明るかったです」

ＤＢＪ飲食・宿泊支援ファンドによる50億円の出資目的が従業員に関する事業資金に限られていたため、銀行への弁済には使えない。実はその頃、ＤＤは社会保険料の支払い猶予を申請しており、その額はグループ全体で28億円にのぼっていたのだ。松村は、「まずは社会保険料の支払いを済ませよう」と言って、その支払いに充てることになった。社員第一が松村の意思だったからだ。残りの22億円で前期決算の人件費を補填した。

50億円の出資を得たＤＤには朗報がもたらされる。

「そして、２０２２年３月には東京都からの時短協力金が入金され始め、３月中に、三十数億円の入金があったのです。銀行への弁済も始めなければならない時だったので、絶妙なタイミングで協力金をいただきました。１ヶ月、２ヶ月ずれていたらと思うと、今でも冷や汗が出ます。私が松村社長に『債務超過の解消も、社会保険料の支払い猶予も、乗り切ることができました』と報告すると、『乗り切ったんだな……』と、深く頷いて、不安を胸にしながら辞めずに会社に残ってくれた社員たちに安心をもたらせることが何よりも嬉しいと、何度もおっしゃっていました」

先頭に立って資金調達に走り続けた松村にとっても、２０２１年度の年度末は、光明を感じることができた時期だった。

「もちろん、まだまだ予断は許さなかったのですが、倒産という最悪のシナリオは回避することができた。そのために寝食を忘れて取り組んでくれた社員と、自分の会社のことのように考えアドバイスをくれた外部の方々のおかげです」

債務超過が解消されなければ、市場の信頼を失うことになると眠れぬ夜を過ごしていた時、松村を支えたのが毎日のように入る短い電話だった。

「見城さんが、私や私の会社の社員を気遣って電話をくださいました。体は大丈夫か、ちゃんと食べて寝なければダメだぞ、と言って切れる短い電話に私はどれだけ励まされたかわかりません。見城さんから電話が入れば、腹に力を込めて『大丈夫です、もう少しで乗り越えられます』と伝えました。本当は追い詰められて苦しい時でも、そう答えることで、自分を奮い立たせることができました。これは後から知ることなのですが、見城さんはＤＤと幻冬舎のメインバンクである銀行の最高責任者に直接電話をし、ＤＤへの融資を確実に行って欲しい、と頼んでくださっていました。見城さんや仲間たちのＤＤを潰してはならない、という思いが、私が後ろを見ずにひたすら前進できた理由です。見城さんには、いつも、人を思う心の大切さを教わっています」

２０２１年夏、１年延期された東京オリンピック・パラリンピックが開催された。

コロナ禍の東京オリンピック・パラリンピックは驚くべきことに、無観客が決定し、観衆のいないスタジアムやアリーナで、選手たちはメダルを競い合わなければならなかった。

開会式に先立ち、2021年7月21日、松村は聖火リレーに挑んでいた。

「本当は聖火を灯したトーチを掲げて、江東区の公道を走る予定だったのですが、コロナの感染防止のため、品川区のしながわ中央公園で『トーチキス』を行うことになりました。特設ステージに、江東、品川、大田の3区で公道を走る予定だったランナーが上がり、火のついたトーチを交わし合ったんです」

オリンピック聖火リレーランナーの白いユニフォームに身を包んだ松村は、付き添った青木とともに壇上に立ち、火を灯したトーチを右手で持ち、左手を大きく振った。

「一般の方々は入れなかったのですが、DDの社員が駆けつけてくれたので、そのみんなに手を振りました」

松村の一挙手一投足には、コロナ禍で厳しさが増す外食業界の一員としての誇りがあった。メディアの取材を受けた松村は、「聖火リレーに挑むことで、病気を抱える人やコロナ禍で苦しむ人々に挑戦することの大切さを伝えたいと思った。重度の若年性パーキンソン病と闘う自分の姿を見た多くの人には諦めない心と、勇気を忘れないで欲しい」と自らの言葉で伝えた。

新型コロナウイルスに盛大な東京オリンピックを奪われた悔しさに身をやつしてきたが、不運を嘆き、ウイルスを恨む気持ちも、松村の胸からは消えていた。

「コロナ禍にあった東京オリンピックは、外食業界が巻き込まれたコロナとの厳しい戦いの記憶とともに永遠にこの胸に刻まれました。経営者にとって万全な備えとは何なのか、を2020年と2021年の激動の日々は、私に突きつけたのです。その中で訪れたトーチキスの日のステージからの光景は、私にとってかけがえのないご褒美でした」

ＤＢＪ飲食・宿泊支援ファンドからの50億円の出資と東京都からの時短協力金が入金され、2022年2月期になるとＤＤホールディングスの口座には120億円の現金が保有されるまでになっていた。

50億円の出資を達成した松村は、ようやく未来を語ることができると、その表情を緩めた。

「これからは再び店舗を増やし、コロナ禍に負けない会社にしていくために真の利益追求の事業を構築していこう、と役員たちと話しました。瀕死の重傷だった体を止血して、我々は大量の輸血をしました。これからは傷を完全に癒やし、体力を元に戻して、怪我を負った以前のポテンシャルを取り戻さなければならない。そのスタートラインに立てたことが本当に嬉しかった。やっとの思いで本来の事業ができる体制になったのですから」

しかし、それは莫大な借り入れで生き延びただけのことだ。松村はまず、自らが負った借入金の額と弁済のスケジュールを念頭に置いた。

「そのためウィズコロナを想定して、バグースを除く大型空中階店舗の退店を進めました。結果的に、90の店舗を退店することにしたんです。経営会議や役員会で退店決議が出るたびに、胸が痛かった。店作りが大好きで、社員と力を合わせて作った店です。それを短時間に切り捨てていくわけですから、体が引き裂かれる思いでしたよ。けれど、退店をしなければ経営は立ち行かなくなっていたでしょう。経営者は、言葉通り断腸の思いで、時には切り捨てる決断をしなければならない。実は、獣の遠吠えのように声を上げて泣いた夜があった。そのことは、社員にも話すことはできませんでした」

海外事業からの撤退

新型コロナウイルスの世界的流行の中、ＤＤホールディングスが直面した危機は国内だけではなかった。海外事業担当のトップに立つ稲本健一が指揮をとるハワイの事業も、パンデミックにより苦しい決断を迫られる日々が続いた。

稲本は、ハワイアン・カフェ＆ダイニング「ALOHA TABLE」などで新たな飲食店文化を作り上げた株式会社ゼットンの創立者である。

１９９５年に第1号店となる「ZETTON」をオープン後、名古屋、東京を中心に出店を続け、２００４年以降は公共施設へ出店し、ブライダル事業も展開した。２００６年、名古屋証券取引所セントレックスに株式を上場。２００９年にはハワイ・ワイキキに「ALOHA

TABLE Waikiki」をオープン、その店舗をハワイやオーストラリアへと拡大していった。

２０１６年９月、株式会社ゼットンはＴＯＢによりダイヤモンドダイニングの持分法適用会社となった。２０１７年にゼットンの会長を退任していた稲本は、９月、ＤＤホールディングスの海外統括取締役兼ＣＣＯに着任するのである。

稲本は松村と同じ１９６７年生まれ。ゼットンを創業し若手外食起業家として脚光を浴びていた稲本は、レストラン事業に乗り出そうとする松村にとって憧れだった。その稲本は、伝説のラウンジ・バー「１９６７」（六本木の再開発のために２０２０年に閉店）のプロデュースを手がけ、松村の期待に惜しみなく応え、二人は絶対的な信頼の絆で結ばれた。ライバルとして、盟友として、互いを尊敬し、唯一無二の存在と認め合う仲だ。


松村は、ＤＤホールディングス設立と同時にDiamond Dining International Corporationを設立し、海外事業を稲本に託して、ハワイ、さらにはアメリカ本土での事業の成功を目指した。

ハワイの人気レストランとして知られる「ALOHA TABLE Waikiki」の他、「Goofy Cafe & Dine」「Heavenly Island Lifestyle」でも大きな成功を収めていた稲本は、その経験を基にＤＤホールディングスの海外事業部について壮大なビジョンを描いていた。

「まずはハワイで圧倒的な結果を出し、近い将来にはアメリカ本土へ出店する。そんな計画を松ちゃんとはいつも語り合っていました」

それは外食業界で名を馳せる二人の新たな夢の形だった。

稲本は日本とハワイを行き来し、盟友・松村のために力を尽くした。彼が陣頭指揮をとって2年、3年と過ぎると、ハワイでの店舗運営が軌道に乗り始めていく。松村も新たな店作りに溢れ返るアイディアの提供を惜しまなかった。

ところが、日本と時を同じくして、目に見えない敵が立ちはだかったのである。新型コロナウイルスによるパンデミックは、日本人にとって最も愛すべき観光地を世界から隔離された孤島にしてしまうのである。

2020年3月初め、ハワイ州で初の感染者が確認されると、数日後にはさまざまな禁止事項が発表されていった。そして3月26日、ついにハワイ州全体がロックダウンされたのである。ハワイ州のロックダウンは日本の緊急事態宣言とは全く異なっている。ハワイでは、「不要不急の外出の自粛を要請」する日本とは別世界の「移動の禁止」が命ぜられていた。

多くの航空会社のフライトは減便・運休となり、バーやクラブ、ショッピングセンター、ホテルは営業停止、人々の憩いの場所であるビーチも閉鎖された。観光客だけでなく、常夏の島の住人全てが自由を奪われたのである。ハワイ州のロックダウンは3月~5月の間の約2ヶ月間に及び、さらにホノルル市は8月、9月もロックダウンされた。その間、カフェもレストランも休業状態に陥った。

稲本はZoomやLINE、携帯の通話で、連日、スタッフと話した。現地のスタッフは、懸命に情報を集め、ハワイ州の法律に違反しないように細心の注意を払いながら休業補償や支援金の計算に明け暮れることになる。

「日本国内と同じように、家賃、人件費をはじめとした固定費や維持費はかかっています。何より、深刻だったのは法律で外出を禁止されていたことです。ロックダウンの期間は、日本のように代替えの事業を考えることも、行うこともできません。何一つ成す術がなかったです。なので、海外事業は日本以上に大きな痛手を負うこととなりました。２０２０年の9月にはロックダウンが解除されたとはいえ、当時はコロナの収束がまるで見えなかった。いつまたロックダウンが言い渡されるかもしれない状況で、ハワイ観光が以前の活況を取り戻し、経済が復活するためにはどれほどの時間がかかるのだろうと、途方に暮れました」

松村は、未来が全く読めない海外事業の事実上の撤退を決意する。稲本もまた困窮する経営の縮小に同意している。

２０２１年2月10日の株式会社ＤＤホールディングス取締役会で、稲本健一の海外統括取締役兼ＣＣＯの辞任が取締役全員の同意を得て承認された。

２０１7年9月ＤＤホールディングスの設立時に松村の夢である海外展開のために統括取締役兼ＣＣＯとなった稲本は、3年5ヶ月で松村厚久と袂を分かつことになったのだった。

当時の苦しさを思い起こし、稲本は唇を噛み締める。

「ＤＤホールディングスでの海外事業は、松ちゃんと私とで立てた綿密な計画のもとに展開していきました。コロナのパンデミックがなければ、成功させる自信は十分にありました」

時を同じくして、ゼットンはＤＤホールディングスの連結子会社から外れ、持分法適用会社となった。２０２０年10月26日のことだ。これもコロナ禍による収益の減少が影響している。稲本は次のように解説した。

「松村社長の本意ではなかったでしょうが、ＤＤホールディングスからゼットンへの増資がない状態でしたから、ゼットンは他に選択肢がありませんでした」

２０２１年8月16日、Diamond Dining International Corporationより、公式に海外飲食事業から撤退が発表された。

「今でも、コロナがなければ……と考えることがあります。ハワイでの海外事業には勝算がありましたから、あのまま経営を続けられたら、とどうしても悔しさが胸をよぎるんです。けれど、一番辛い決断をしたのは松ちゃんです。その覚悟を思えば、事実だけを受け止めるしかない。経営とはそういうものです。コロナ禍があって親友と離れることになりましたが、また松ちゃんが『イナケン、また１９６７のような店を作ってや』と声をかけてくれたら、いつでも引き受けるつもりですよ」

第3章

外食戦士たちの戦い

新型コロナウイルスによる世界的パンデミックは、外食業界の経営者たちに異次元の脅威を与えることになった。それまで、どうすれば顧客が店の雰囲気や料理に満足しリピーターになるのかを考え、ＫＰＩ（Key Performance Indicator の略称で「重要業績評価指標」の意味）や、ＫＧＩ（Key Goal Indicator の略称で「重要目標達成指標」の意味）を懸命に追いかけていた者たちが、電子顕微鏡でしか可視化できないウイルスと対峙し、人間を宿主に常に変容するそれの「感染に対策をとらなければならない」という状況に追い込まれたのである。

クラスターと呼ばれる集団感染が起こる場所の筆頭に挙げられた飲食店では、「黙食」や「マスク食（食べ物を口に運ぶ時だけマスクを外す）」などが推奨された。「一緒の席で食べて話すことが集団感染の第一要因」とするメディアの情報に右往左往させられながら、「なぜ外食業界だけこんなにも負荷を強いられるのか……」という思いを大きくした。が、それでも、メディアが作り出した流れに抗うことなどできるはずがなかった。

レストランや居酒屋の現場でサービスに努めるスタッフたちは、厚生労働省や医師会や各行政がもたらす情報や指針をもとに、唾液の飛沫による感染リスクを下げようとスチール板やビニールで客席に仕切りを設け、出入り口や洗面所などにアルコール消毒剤を設置することに躍起になった。配膳をするスタッフも厨房で包丁を持つ料理人も、マスクをつけた。それをしなければ店を開けて営業することが許されず、指導、指針に従わなければペナルティーを科せられてしまうからだ。

松村は手足を縛られるような状態で料理を作り、サービスを続けた社員やパートナーたちに、店を巡っては励ましの声をかけた。

「店から感染者を出してはならない、という緊張感は、美味しいものを食べて飲んで楽しく過ごす場所である飲食店には本来あってはならないものでした。社員たちは懸命に働きながら、感染予防に注力し、お客様を笑顔でもてなしました。DDのサービス部門のリーダーである笠松美樹子が、『マスクをしているとお客様に笑顔が向けられません。目でも笑顔が作れるよう、スタッフと表情の研究をしています』と言うのを聞いた時には、涙がこぼれましたよ」

２０２１年、「AMAZING NEW NORMAL」をテーマに動き出した松村は、暗く落ち込む外食業界の中で「新しい年にはV字回復を見せてやる」と、一人気を吐いた。「松ちゃんは能天気だな」と言われても、気にしなかった。

「忍耐には自信があります。でも、耐え忍んだ先のイノベーションを私は信じている。出身地である土佐の先人たちがそうであったように、コロナに痛めつけられながらも、未来を信じることを諦めませんでしたよ」

同じような経験、命を賭した生き残りは、松村だけのものではなかった。他の外食業界の経営者たちもまた同様に、人生観を変えられるほどの経験をしていた。

お互いを助け合い励まし合ってきた松村の仲間たちが、どのような戦いを強いられ、どんな境地にあったか。

ある日、松村がこう言った。

「コロナに大打撃を受けた外食業界の社長にインタビューし、その戦いをぜひ書き残してください。コロナ危機を一番近くで見た人たちが何を感じたのか、それを書いてください。その証言こそが、未来の外食企業家を助けるテキストになります。私が尊敬する経営者の慟哭《どうこく》と叫び、そして満身創痍でも決して諦めなかった日々の記憶を、時代を超えて残したいのです」

数多くいる外食の経営者の中で、鮮烈なメッセージを発し続けたのが株式会社一家ダイニングプロジェクト（現・一家ホールディングス）代表取締役社長の武長太郎である。武長は、瞬く間に巻き込まれることになった「外食コロナ戦争」の中で、社員とその家族を守ることを誰よりも早く宣言し、会社存続のために戦い抜いた。

武長が振り返って露わになった苦悩と試行錯誤は、パンデミックの恐ろしさを改めて浮き彫りにするだけでなく、最善を求めて行った経営判断こそが会社の行く末を決めるのだと教えている。
松村をはじめ、多くの外食経営者が絶賛した武長の判断と行動。当時の記憶を辿って紡がれた証言は、外食企業に関わる全ての者たちの思いの総括にもなっている。

上場直後に見舞われた未曽有の危機

(株)一家ダイニングプロジェクト(現・一家ホールディングス)代表取締役社長　武長太郎
※2021年2月24日(水)取材

私の会社は1997年の創業から20年目を迎えた2017年12月に、東証マザーズ(現・東証グロース)に上場しました。2年後の東証一部上場を目標に掲げ、2020年3月11日に東証一部を果たせました。その大いなる目標を達成した直後、新型コロナウイルスが襲いかかったのです。

私自身がCOVID－19という新型ウイルスのことを知ったのは、2020年の2月頃のことでした。最初は外国の出来事でマーズ（ＭＥＲＳ）やサーズ（ＳＡＲＳ）ぐらいのものだと思っていましたが、だんだん雲行きが怪しくなってきて、上場のセレモニーもなくなりそうだという話も出てきました。２０２０年2月27日、安倍晋三総理が記者会見で「全国の小中高校に対して3月2日から春休みまで臨時休校とするよう要請した」と発表してからは、開いた口が塞がらないほどお客様の数が激減していきました。

一家ダイニングでは「一家祭り」というフォーラムや、「The Place of Tokyo（ザプレイスオブトウキョウ）」での「おもてなしウェディングアワード」など、3月に多くのイベントを企画していたのですが、その全てが中止になってしまいました。それでもマザーズから東証一部への鞍替えだけは、ギリギリ間に合いました。

この時、私自身もある程度の株を売りましたが、「こんなに安く売らないといけないんだ」と思ったものです。1週間前まで一株１５０円ぐらいの値がついていたのですが、1週間で20％近く株価が下がり、1億数千万円ぐらい損をしたと思います。けれど、さらに1週間後だったら東証の機能も休止されて一部に鞍替えはできませんでしたので、2年間準備してきたことが無駄になるところでした。東証一部上場ができたことだけはラッキーだったと思います。

東証一部に上場したものの、コロナの影響で状況はどんどん悪化していきました。その結果が、4月4日の全店休業です。

1回目の緊急事態宣言が出る前に休業したのは、新型コロナウイルスが未知のウイルスで、どうやって感染するのかもわからなかったからです。アルバイトや社員に満員電車で出勤させたり、お客様のサービスをさせたりすることが怖かった。不特定多数のお客様がいらっしゃる中で料理を出したりお皿を下げたり、食器を洗ったりするだけでも感染するのかと考えるほどでした。3月に志村けんさんが亡くなったニュースを知った時に、恐れはマックスになりました。コンビニの店員さんがコロナに感染したというニュースを見ればコンビニには行けなくなって、多くの社員を持つ者としても恐怖が大きかったです。あの頃は、「このままだったらどうなるのだろう」と落ち込みました。

それでも銀行から21億円ぐらいは資金調達できましたので、「ここを乗り越えたら必ず良くなる、コロナは消えてなくなる」と思っていたのです。ところが緊急事態宣言が解除された後の状況を見て「この戦いはまだまだ続くんだな」と絶望的な気持ちになりました。

そうした中でGo To Eatも始まって、2020年の年末で売り上げを取り戻そうと気合いを入れましたが、期待はずれでした。

ただ私たちの「ジンギスカン酒場　ラムちゃん」の業態は、コロナ禍でも強かったですね。「ラムちゃん」は郊外にも出店していますし、ジンギスカンとハイボールのハイブリッドだったこともあります。焼肉や寿司は強いといいますが、それは職場の仲間より家族という時間が増えたことも影響しているのではないでしょうか。

それでも、深刻な状況に変わりはありません。一家ダイニングプロジェクトは一都三県で71店舗（当時）ありますが、そのうち半分が東京都にあります。店は居酒屋で小池百合子都知事が言う「三密業態」です。16時から営業をしても実際お客様が入ってくるのが19時からですので、20時までの時短要請が出ていた時には「博多劇場」は全店休業していました。

お店は清掃をして仕込みをしてお客様に食べてもらう準備をしますが、1組か2組来て、19時にラストオーダーを聞いて20時に退店してもらい、閉店の作業をする。こんなに虚しいことはないですよ。ですから、時短要請が出た時には、全店休業か通常営業の二択しかありませんでした。12月までに、十数店舗閉店しました。1店舗1店舗、苦悩して決断しましたが、閉店する店のスタッフに異動を伝えると辞めてしまうのです。仲間が辞めていくことが、本当に辛かった。ですから私は、２０２０年末に動画を撮影し、こう宣言しました。

「２０２１年は反転攻勢。一気に仕掛けて、絶対にV字回復する。今年は絶対に一人も辞めさせない。雇用を守るし、1店舗も閉店する気はない」

この言葉とともに新しい業態のこと、未来のビジョンなども伝えたのです。

ところが、そんな話をした直後に2回目の緊急事態宣言が出されることになってしまいました。さらに大手企業には、時短要請の協力金を出さないというのです。大手企業とは資本金５０００万円以上の企業ですが、ホールディングスにしていたら出すという、本当によくわからない基準でした。しかも1店舗につき協力金は6万円、小さな10坪の店でも、その100倍ある大箱店でも同じ金額です。大手企業となると、マクドナルドやケンタッキーとも一緒くたなんて短絡的ですよ。

時短やアルコール制限でダメージを受ける居酒屋やレストランを対象にしてルールを整備し、補償する方法もあったはずです。それを見過ごした政府や都の安易な対応に納得ができませんでした。

その後、大手企業も協力金を支給されることになりましたが、最初は埼玉・神奈川は出す、千葉・東京は出さないという話でした。その理由にも納得がいきません。しかも時短営業に協力しなかった店舗は、実名公表もするというのです。私はここで店と雇用を守るために通常営業をしようと決断しました。会議でそれを話すと、役員・社外役員から「常識的な概念として、一部上場企業が通常営業をしてはいけないと思います。しばらくは要請通り時短営業でやりましょう」と言われたのです。「要請に応じず、通常営業をする」と言ったのは私一人でしたので、もちろん通りませんでした。

そこで、外食業界で最も信頼する先輩に相談しました。

「僕は許せない。うちのアルバイトたちの中にも、高校の卒業式もない、大学は入学式もなく、リモート授業だけ。学校に行けず友達もできなくて、唯一バイト先でできた友達にも休業になったら会えない、と泣いている者もいます。成人式もありません。若い人の自殺も増えています。若い人たちが可哀想です。社員にちゃんと給料を払っていくためにも、僕は通常営業がしたいと思っています」

その方は、知り合いのいるテレビ東京の番組を紹介してくれました。

テレビ取材を受けたのは、2回目の緊急事態宣言が出たばかりの1月8日です。「ワールドビジネスサテライト（WBS）」でした。電話で話したら、「ぜひ話を聞かせて欲しい」と言われたのです。私はテレビカメラの前で自分の思いの丈を正直に伝えました。

コロナ禍で外食の大手企業はないがしろにされている。雇用調整助成金もなかなか出ませんでしたし、手当も中小企業が対象です。今まで納税してきた大企業が、こういう時に助けてもらえないというのは理不尽です。会社を大きくし、必死に税金を払ってきた意味がありません。

コロナ禍で倒産している会社は140～150社でしたが、外食がずば抜けて多い。店舗数でいえば、大手企業の居酒屋だけで2000店舗ほど閉店しています。2000店舗分の雇用が失われ、社員が辞めているわけです。これが1店舗を構える個人事業主なら、2000社が倒産していることになります。

1店舗を経営する個人経営者は、協力金をもらうために店を休業しました。何もしないで毎月186万円の協力金を得るコロナバブルです。

「ワールドビジネスサテライト」のアナウンサーに、「このままこの状態が続けば、会社はどうなりますか」と聞かれたので、「このままなら廃業になります」と答えました。

この放送の後、大騒動が待っていました。30分以上も話したのに、数分に編集されたインタビューの最後に「このままなら廃業になります」が切り取られて流れたのです。

すると、ヤフーファイナンスの掲示板のコメント欄が、「一家ダイニング廃業だって」「死亡だな」「終わった」「株売る」「社長失格」などと炎上し、その日一日、私は落ち込んで人に会うことができませんでした。

けれど、どん底に落ちると覚悟も決まりました。その日以降、「俺はどんな状態でも通常営業をする」と宣言して、次の日から通常営業を再開しました。ホームページにも、社員の雇用や納入業者を守ることなど、通常営業をする理由を掲載しました。外食業界の大手企業の中で時短要請に従わなかったのは、弊社とグローバルダイニングさん、「ダンダダン酒場」の株式会社NATTY SWANKY（現・ホールディングス）さんだけです。隠れてコソコソ営業している店もありましたが、実名を公表されるのであれば、むしろ名乗りを上げて営業しようと思いました。

大手企業で通常営業をやると名乗りを上げている社長は私ぐらいしかいませんでしたので、メディアが殺到しました。WBSの次はNHKの「ニュース7」です。テレビ朝日の「羽鳥慎一モーニングショー」にも生出演しましたし、その週だけでも11本の取材を受けました。

通常営業に踏み切ったのは、立地の問題も大きかったです。一家ダイニングプロジェクト71店舗のうち、当時は神奈川県が2店舗、埼玉県が3店舗、あとは千葉県と東京都です。千葉県と東京都の店舗には給付金が出ないとなれば、社員やパートを守るためには通常営業をするしかない。

皮肉な結果ですが、メディアに出れば出るほど、通常営業すればするほど、日に日に売り上げが上がっていくのです。20時以降、どの店舗も満席で、お店を開けていれば開けているだけお客様が入ってきました。そのジレンマを抱えながらも、国民の考えていることと政府の考えていること、渦中の飲食店とのズレがこんなにもあるのだな、と感じたものです。

そんな中、千葉県・津田沼店の前に森田健作知事が来て、営業しているところを見られたのです。そこで私は千葉県庁に電話をしました。知事までは繋がりませんでしたが上層部に繋いでもらって、通常営業をする旨と、その理由を話しました。すると2日後、1月14日からだったと思いますが、千葉の大手企業にも協力金が出ることになったのです。そこで1月15日から、千葉県の店舗も休業しました。

メディアに出たことによってバッシングも受けましたが、一石は投じられたと思います。

そうしているうちに、東京都でも２０２１年1月22日から大手企業にも時短営業に応じたら協力金が出るようになったので、振り上げた拳を下ろすことにしました。通常営業をしていた大義は、「協力金が出ないこと」でしたから、出していただけることになって要請に応じたのです。実利だけでいえば営業をしている方が良かったですし、協力金が出たところで通常売り上げの全額までには至りません。けれど上場企業としての責任もありますから休業することにしました。

「雇用を守るために通常営業をする」とメディアを通じて発信したことで、これまでにない反響があり、非難も浴びましたが、矢面に立って良かったと思います。社内広報の担当者が私の取材対応を撮影していて、社員全員に動画配信として発信をしてくれたので、社内に私が守りたかったものを伝えることもできました。その動画を見た社員たちは、「雇用を守るということをあんなに強く公言してくれた社長は辞めさせせない」と言ってくれました。社内が一体になったことは大きかったと思います。また動画配信のコメント欄に社員全員からのメッセージがあって、「一緒に頑張りましょう」「一家ダイニングの社員で良かった」という文章には、私が勇気をもらいました。自分には一緒になって会社を経営できる社員がいると改めてわかったんです。幸せを感じる一瞬でした。

社名にもあるように、私たちは一つの家族です。そう言い続けて二十数年間経営してきました。コロナで大きな影響を受けた外食業界では仕方がないことですが、早期退職を募ったり、他社に出向で働いてもらったりする会社がたくさんありました。けれども私は、そういうことは絶対にしたくなかった。ですから残ってくれた社員全員に100%の給料を出し続けてきたのです。コロナ禍は外食業界にとって戦争です。今も渦中ではありますが（取材当時）、明けぬ夜はないと信じて戦い続けます。

外食企業の経営者が手も足も出せない状況の中、自らも飲食店を経営した経験を持つコンサルタント・安田久は、緊急事態宣言以降、時短営業を余儀なくされた経営者たちにテイクアウトや家庭での人気メニューの唐揚げ販売を提唱し、倒産回避に大いに貢献した。中でも親友である松村には、安田から社長室へ出向き、何度も逼迫する経営についての話をしている。

しかし、危機回避のための素早い行動は簡単ではなかった。ホールディングスの代表となった松村が置かれている状況は、自分の手で店を作り、レジ打ちからフロアでのサービスまで行っていた時代とは全く違っていたのである。

安田の振り返るコロナ禍の中心には松村がいた。なぜなら、安田が知る外食経営者の中で松村が最も苦しみを背負っていたからだ。カリスマ外食コンサルタントと呼ばれるその人の証言を目で追えば、松村を苦しめたものの正体が手に取るようにわかる。

そして同時に、新型コロナウイルスだけでなくパーキンソン病とも闘い続ける松村の忍耐と人並外れた運の強さを、安田は言い当てていたのである。

DDホールディングス存続への道のり

（株）外食虎塾　塾長　安田久
※2021年1月22日（金）取材

今回のコロナ禍でDDに起こっていること、これから起こることに対して、外食コンサルタントの立場で言わせてもらうなら「一大危機」の一言に尽きます。

それは次のような理由です。

会社経営には自己資本比率という指標があり、高ければ高いほど財務的には安定しているといえます。良好な会社は60〜70％で、10％を下回ると危険区域ということになります。DDホールディングスの自己資本比率はコロナ前には20％ぐらいあったそうですが、2021年2月期第三四半期で2％まで落ち込んだと聞いています。債務超過になる可能性があり、これは、症状でいうと末期です。債務超過になると、資金調達が不可能になり絶体絶命の危機に陥ります。

私は自分の会社を倒産させているからわかりますが、このパターンだと早くいろいろ決断を下していかないと本当に厳しいことになるケースです。

２０１９年のＤＤホールディングスは、最高売り上げ、最高益を出していました。それは外食業界のスター・松村厚久が続けてきた20年にわたるビジネスの成功の証でした。ところが、２０２０年1月の新型コロナウイルスの上陸で、いきなり未曽有の危機に襲われたわけです。

山手線沿線に多くの店舗を出店する松村君のやり方は、外食業界としては攻めの経営でとてもダイナミックです。高い家賃を払っても、売り上げが出るスキーム（仕組み）を構築したのはさすがとしかいいようがありません。ところが誰も経験したことがない、あり得ない事態が起きたわけですから、松村君も当初は茫然自失だったと思います。松村君だけでなく、外食の社長は全員そうだったはずです。

ウイルスという予想しなかった災害を受け、松村君は頭を切り替えるのが本当に大変だったと言っていました。自分は悪くないのに突然こんなことになってしまっているという悔しい思いもあるでしょう。重いパーキンソン病もありますから、米ちゃん（エー・ピーホールディングス会長兼ファウンダー米山久）のように先頭に立って行動し、会社を動かしていくことも難しい。

コロナで大変な時期、松村君とは何度か話をしていますが経営のことは多くは語らなかったです。彼の中では考えがあったでしょうが、今回に関しては松村君の読みは遅かったと思います。

経営者にとって最も大切なことは、先を読むこと。私は、新型コロナウイルスが上陸したというニュースがあって、最初の緊急事態宣言が出た時には「これは2~3年は続くな」と思っていました。そうなると収益が上がらない状態に陥るわけですから当然自己資本比率が厳しくなってくる。経営者は会社を守るためにリストラを始めて、お金のかからない業態へ変更をしていかないといけません。

もしこれが半年から1年で終われば、空家賃を払ってでもそのままの業態を続けていいと思います。収束すれば、いずれ外食は爆発しますからね。ですが、2~3年続けば、資金を失い、借入もできなくなり、会社は続けられません。

松村君は、当初、コロナは半年から1年で終わる、と言っていました。希望的観測があったのかもしれません。しかし、現状では終わる気配がない。

DDホールディングスの場合はテイクアウトの形態の店はなく、大きな転換をしないと大事《おおごと》になるな、と思っていました。

今回の新型コロナウイルスのパンデミックが起こった時、私自身がコンサルしている外食企業・店舗には、まずテイクアウトを推奨しました。

たとえば、居酒屋を4軒やっている会社があって毎月赤字を出していました。

ところが2軒で唐揚げのテイクアウトをしたところ、1店舗で400万円、もう1店舗でも100万円の利益が出たのです。4店舗で300万円の赤字だったのに、コロナになって唐揚げのテイクアウトにシフトしたら一気にPL（損益計算書）が改善しています。

あの大手のすかいらーくホールディングスやワタミ株式会社も唐揚げ業態をやっています。

今だけの凌ぎかもしれないけれど、需要は大きいです。

ところがDDでは、テイクアウトの業態がすぐには作れなかった。

松村君には2020年の4月に、「ゴーストレストランなどに切り替えないとダメだよ」と言いました。ゴーストレストランとは、客席がなくキッチンで調理した料理を、デリバリーやテイクアウト専門で販売する飲食店のことです。

DDの経営幹部100人ぐらいを集めて、そのためのセミナーもしました。

今の松村君は、病気の症状があり自分から長々と話して伝えることができないので、安田久というスピーカーを通して伝えるという方法をとるのです。

セミナーでは、ゴーストレストラン、クラウドキッチン、テイクアウトなど、今こそ個店の原点に返ってやるべきなのではないかということを話しました。

けれど、そのセミナーの後に、それ以上の話を聞きに来る者はＤＤには誰もいませんでした。

借金を返済するためには別の金融業者から借金を繰り返すしかありません。もしくは、スーパーエンジェルが現れて、資産がなくても投資してくれるか……。

今回、松村君とＤＤが選んだのはワラントでした。ワラントとは、一定の値段で、あらかじめ定められた期間内に発行会社の株式を購入できる権利のことですが、私には理解できなかった。

ＤＤの経営陣にしかわからないことですが、この策はまだ早いのではないのかと思いました。実際、ワラントを機に株価が下がってしまいました。

なぜワラントだったのか、と考えます。私だったら、一度沈んでも株を売って、再上場したり買い戻したりする方策を考えます。でも松村君はそれをしない。どうしてなのか私にはわかりませんが、オーナーでいたいのかもしれないですね。創業者というのは、創業者の証明である会社を簡単には手放せない。

松村君がオーナーにこだわる理由は、もしかしたら自分を捨て切れないのではないかとも思います。故郷のヒーロー坂本龍馬のように前向きに死にたい、最後は格好良く死にたいという美学があるのではないでしょうか。２年前、左腕を失いそうになった事故もあって、ある程度死を覚悟しているところはあると思います。病気を一番知っているのは本人ですから、「死ぬその瞬間まで前進する」という覚悟を持って、その上で経営に臨んでいるのでしょう。

DDホールディングスは、今や大きな集合体となっています。

自分が作ったダイヤモンドダイニング以外にも、外から買収した会社が多くあります。ですから文化も違い、さまざまな考えを持つ会社・社長が集まっています。それをまとめるのが松村君の役目です。

でも、若年性パーキンソン病が進行してからはうまく言葉が出ないこともある。それで不安になった社員も多いと聞きます。

DDホールディングス一番の危惧は債務超過です。それでも上場会社なのでホワイトナイト（友好的な買収者）が出てくるはずですから、会社自体が潰れることはないでしょう。ただ、そうなった時に、松村君が本当にやりたい経営を、そこに残っている社員がちゃんとやれるかという話は、また別です。人を減らせば減らすほど、創業イズムは薄れていきますからね。

最悪のシナリオを想定して経営者は準備を進めるわけですが、債務超過は必ず回避できると思いますし、松村君なら大丈夫だと思います。

起死回生のチャンスは必ずあるとは思います。松村君はそういう運を持って生まれてきた男です。

コロナが収束し、外食業界が好転する日が来るのは間違いない。カッコいい言葉でいえば、その時に「奇跡を起こす男」は松村君以外にいないです。私も数々の地獄を味わってきましたが、松村君もかなりのものですよ。私以上に危ない橋を渡っていて、何度も修羅場を潜っています。ギリギリで生きて、精神的にそうとう追い詰められたこともあるはずですが、心を折ったことがない。だからこそ危険な状況でもパニックになることがないのです。彼なら必ず乗り越えられると感じています。


松村君は、ずっと苦しい思いをしています。安らぐ時がないのです。病気もそうだし、ビジネスもそうだし、プライベートもそう。安らいで寝ることはないですね。昔、ローマに一緒に旅行した時、松村君が寝ながら目を開けているのを見ました。夢の中でも店を作り、経営しているんです。

生まれながらのタフな精神が、今も発揮されると思います。

人類にとって未曽有の危機。実業家、とくに外食の経営者は生死を分けるような事態に直面していますが、コロナは天災です。誰も悪くない。こうした機会に振り分けは起こると思いますよ。真面目にやっている人は持ち堪え、適当に遊んで稼いでいた人は店を潰して辞めていくでしょう。

外食経営者で非常に多いのが、瞬発力や集中力が高い人です。普段はのんびりしているけれど、こういう事態になると瞬時に真剣に行動する。とにかくスピード感がある。そうした経営者は、運を引き寄せる。普段から築いた人脈を駆使して今回のような危機を乗り越えていくのだと思います。

天下一の運を持っているのが松村君です。どんな戦略を立てようが、失敗する人はたくさんいます。一生懸命やったとしても、失敗する人もいる。松村君の持つ運が何かを引き寄せ、生き残るはずです。

松村君には、いろいろなことを言いましたが、その一方、どんな状況であっても自分がしたいことをやり通せばいいとも思っています。人の話は関係ない。

あの男は普段は全く悩みを言わないけれど、たまに、私にだけは言葉にします。けれども相談していることに対しては、実はもう結論を出している。

ＤＤホールディングスも、鮮やかに債務超過を回避し、復活へのロードマップを突き進んでいくでしょう。

松村厚久という男は今回地獄を見たけれど、持ち前の強運で必ずハッピーエンドを迎えると思います。

第４章

ＤＤ復活への道のり

取締役たちの活躍

3年余りにわたるコロナ禍、松村は資金調達をはじめとしたさまざまな苦難に立ち向かい、そのたびに英断を下し、危機を乗り越えてきた。日々決断を迫られる松村には、心と体、その両方を支える経営陣がいた。取締役の樋口康弘、鹿中一志、斉藤征晃、矢口健一、青木俊之、池田航平、齋藤哲男、石田茂之、そして常勤監査役の西村康裕だ。松村は、今も彼らへの感謝の念を大きくしている。

「取締役会で決定したことが齟齬《そご》なく瞬時に実行されたからこそ、DDは生き残ることができた。私の求めるまま、取締役メンバーが怯まず、落ち込まず、仕事をしてくれました。感謝してもし切れないほどです。コロナに直面したことで彼らとは魂が一つだと思えるほど強く結びつきました」

そして、誰よりも親身になり松村を公私にわたって励ましたのは、社外取締役の山野幹夫だった。株式会社ヤマノビューティメイトグループの代表取締役社長である山野は、この時期、経営者としての松村に最も影響を与えた人物だった。

「山野さんは、かけがえのない友人です。その彼に社外取締役を頼んだ時、即座に『もちろんやらせていただきます』と言って引き受けてくれました。経営が一気に揺らいでいった2020年、山野さんにはどれほど助けてもらったかわかりません。いつも私の体調を気遣い、食事や睡眠にも気を配ってくれました。秘書や社員が言っても聞かないので、代わりに山野さんが私を叱ってくれていました。ここで倒れたらどうするんですか、と言って、家族のように思いやってくれるので、彼の顔が見えるだけで安心できたんです」

企業存続をかけて会社を再編しなければならない時、山野からのアドバイスが松村の背中を力強く押したのだという。

「店を４８９店舗にまで増やしたところでしたから、会社が生き残るためとはいえ、鉈を振るうように解体するその痛みに、耐えられないと思うこともありました。でも、山野さんは私にこう言ったんです。『松村さん、規模が大きいことが強いこと、ではないんですよ』と。山野さんの弟さんが社長をしている上場会社が3・11の時に売り上げが何分の一にもなって、私と同じような経験をされたんだそうです。その時、会社の規模を3分の1にして倒産を回避し、そこから〝必ず利益を出す体質〟を作り上げていきました。現在、その会社の価値は１００億円以上になっています。あの時、山野さんの言葉には経営者としてのすごみ、迫力がありました。『コロナとの戦争に勝つために、今は規模を小さくしてでも生き延びて、その後、必ず利益を作り出せる体質の組織を作る。それが、今の松村さんの仕事ですよ』と言われたことで、私は覚醒できたんです。それまで会社を大きくすることを第一義に挙げてきた自分の姿勢に楔《くさび》が打ち込まれた気がしました。あの山野さんのアドバイスがあって、私は次々に合併や、閉店店舗の選定、人員の見直しなど、組織再編の決断を下すことができたのです」

もう一人の社外取締役である中川有司（2023年5月に退任）は、松村が目を見張る時代を読む力と資金調達のセンスを持っていた。

「株式会社ユニオンゲートグループ代表取締役社長の中川さんは、ファッションブランドBRIEFINGをはじめとする、ハイセンスなバッグやウエアを大ヒットさせ成功を収めた業界のイノベーターです。今は大きな企業ですが、創業からこれまで経営の舵は中川さん一人が握っています。なので、緊急事態宣言の時には、政府や行政の動き、マスコミの動向、お客様の様子など、繊細な感覚で的確に助言してくれました。中でも資金繰りの感度がものすごく高く、私たちの脆弱な資金体制を指摘してくれました。あの時中川さんから、『経営と現場が乖離してはならない』という基本に、気づかせてもらいました」

雌雄を分けた常勤監査役の助言

懸命な経営再編を行う中で、松村には戦略参謀となった人物がいた。軍師ともいうべきその人は、常勤監査役を務めている西村康裕である。

松村、取締役、本部スタッフ、現場の営業本部長クラスの約30人が集まる週1回の会議でも、西村からの提言を聞くことが重要だと社員の誰もが認識していた。松村は言う。

「取締役の職務執行が適法・適正に行われているかを調査し、必要に応じて是正やアドバイスをしてくれる監査役から丁寧に意見を聞くことは、DDの文化になっていたんです」

2014年から監査役に就任した西村は、株式会社三菱東京UFJ銀行（現・株式会社三菱UFJ銀行）上野支店長という経歴を経て、その後経営コンサルタントとなった。元銀行員という金融のプロの立場から、松村やDDグループの幹部に助言を続けてきた彼は、マレーシアの10年ビザホルダーであり、パリに在住する娘さんもいるため、常にグローバルな視点で事態を捉えていた。

西村は監査役としてどのような役割を担ってきたのだろうか。

「監査役の仕事は2つしかありません。まずは、決算書が会計監査法人によって正しく監査された数字であると、株主総会で保証することです。これが一番大きな仕事ですね。それによって株主さんはDDを評価し、株を買ったり売ったりするわけです。2つ目が経営陣へのアドバイスです。監査役は適時適切に経営陣に助言をしなければならないんですよ」

普段穏やかな西村が語気を強めアドバイスをしたのが、2020年の4月、そして2020年の11月だった。

「銀行からの融資をできる限り受ける。具体的にはコミットメントラインという必要な時に必要な額を引き出せる融資枠を設定することです。それしかコロナとの戦いに勝ち抜く方法はないと思いました」

怒濤の融資作戦

西村の助言を最も近くにいて聞いていた取締役の樋口が、当時を思い起こした。

「2020年2月期は過去最高益を出していましたので、緊急事態宣言の中で行われた5月の株主総会の時に参加した株主様からは、会社の存続を危惧するまでの悲観論はなかったです」

むしろ株主総会では株主からの激励の言葉が飛び交った。

「DDの株主様はとてもあたたかい。他の外食企業の株主総会では辛辣な意見も多いと聞きますが、改めて我が社は愛されているし、株主様は松村社長の応援団なのだなと思いました」

西村は、この時、ネットワークを駆使して真相を探るべく情報を集めていた。そして長い銀行員時代の勘から、最悪を想定した対応を考えていた。

「日本での急速な感染拡大と感染症蔓延の長期化を懸念し、2020年4月の段階から繰り返し資金繰りについて提言していました。元銀行員の立場から見ると、大丈夫だ、という時に融資を申し込むのが一番良いんです。2020年4月は、備えの借り入れで十分でした。不安材料があっても、足下がまだ平穏なら融資の申し込みも予防的と思われ、銀行も融資を増やしたいんです。しかもこの時DDは過去最高の決算の数字が出ていました。樋口CFOと『その時に借りられるだけ借りた方が良い、超保守主義でいこう』と話しました」

緊急事態宣言発出後、4月8日から5月の連休明けまで全店を閉めなければならない状況になり、キャッシュフローは飛ぶように減っていった。7月、8月はGo Toトラベル、Go To Eatのキャンペーンも始まって回復への期待感はあったが、実際蓋を開けてみれば、外食業界が復活できるような施策ではなかった。

西村の懸念は現実のものとなったのだ。

「雲行きが怪しくなっていく中で、最も危機感があったのは2020年11月です。役員会では『DDは瀬戸際に来ている』ということが共有されました。7ヶ月、8ヶ月と営業赤字ですからね。実のところ、赤字は2020年4月から始まっていたんです。借りていたお金は、家賃や人件費、そして約定返済で出ていってしまう。90億円近い自己資本がなくなることも見えてきました。自己資本がマイナスになるんですよ。そのことを債務超過といいます。我々は当初、楽観、中庸、最悪と3つのラインで方策を考えていたのですが、結局は最悪のラインで走ることになりました」

東京都の誤認

DDのような大手外食企業を苦しめたのは協力金の制度の不備だった。その経緯は第2章に綴った通りだが、西村が語った「協力金」の実態がさらにその深刻さを物語っている。

２０２０年10月、東京都は時短営業した飲食店への協力金の支給を、中小企業だけでなく大企業も対象にする方針を打ち出したが、それは納得できる施策ではなかった。西村は当時を思い返し、憤る。

「支給は企業単位ですよ。1日5万円しか売り上げがない夫婦だけで営んでいる居酒屋も、1日数億円売り上げる企業も同じだと言うんです。理不尽ですよね。店舗別で6万円という話が出た時に、役人や記者が全国の店舗の売り上げはわかるわけがない、だから一律だと言っていたんです。これは全くの誤認です。なぜならば、我々は全店舗別の消費税を払っています。国税庁は全部掌握していますよ。国税庁から経済産業省に届いていないというのはありえますけど、政府全体としては掌握していますから。それを強く訴えたのが多店舗展開型飲食店議員連盟設立に動いた業界関係者と心ある政治家なんです。データを示して交渉し、その結果、店舗別売り上げに見合う協力金が支払われることになるのです。が、それは半年後のことでした」

東京都は、「大企業は儲かっているから」と言った。この言葉に憤った外食関係者が結束して交渉したことで、翌年、支給は店舗別になった。しかし店舗別とは言っても、今度は売り上げが問題になった。売り上げが5万円の店も100万円の店もあるのだから、1店舗6万円は不公平この上ないのだ。DDは100万円以上の店が何十店舗もあるのだから。そこでまた交渉をして、コロナになる前年の2019年と2021年の日別の売り上げの差額の40%が支給されることになった。そうすると営業面では大赤字でも、営業外収入が入るから経常収入はほぼゼロになる。キャッシュフロー的にはプラスマイナスゼロになるわけで、そこでようやくDDは息がつけたのだ。

2020年の秋には協力金が当てにならない現状を見て、取締役陣でリスケジュールを決定し、西村も同意をした。

「リスケジュールとは、融資の大小にかかわらず、取引のある全ての銀行に既存融資の元本返済の一時停止をお願いするものです。斉藤さん、樋口さん以下、経理財務部の数人で寝ずに必要書類を作っていましたね」

「最高」の弁護士、コンサルタントとの契約

店に立つ社員一人一人を思う松村は、同時に、厳しい状況が続く中、先手を打って助言をする西村と、全力を尽くし銀行と対峙する役員たちに声にならない感謝を向けていた。

「協力金はすぐには当てにできないという西村監査役の読みが、私たちを救ってくれました。

金融マンとしての感覚と集めた情報をフル稼働して、流れ続ける血をなんとか抑えてくれたんです。あのまま収入がない状態で出金が止まらなければ、私たちの会社は命を落としていました。何度感謝を述べても足りませんよ。そして、樋口、斉藤たち、会社の財務経理を支える社員たちの頑張りにもただ頭が下がりました。このままでは倒れるんじゃないかというぐらい頑張ってくれていましたから。樋口の目はずっと充血していましたし、斉藤の顔色はいつも蒼かった。これは寝ていないんだな、とわかっていました。私はこの時ほど、自分の体が自由に動かないことを悔やんだことはないです。樋口や斉藤や多くの社員たちの先頭に立って寝ずに一緒に働きたかった。私がそう考えていることを察するのか、社員たちは『松村社長の決断を形にしていくだけです、ご安心ください』と笑顔を見せてくれるんですよ。私は毎日、ごめんな、と、ありがとう、を繰り返していました」

　バンクミーティングに先立ち、西村と役員たちは松村に、ある大手法律事務所との契約を勧めていた。財務経理のミッションに大きな力になるはずだからだ。松村はその提言に一も二もなく頷いた。

「少しでも交渉が有利に進むように、その事務所と契約しました。森・濱田松本法律事務所の藤原さんというパートナーです。それなりの対価となりますが、社員の労力に応えるためには、そんなことは全く気になりませんでした」

西村は、優秀な弁護士の必要性をこう解説した。

「森・濱田松本法律事務所の藤原さんは、日本で一、二を争う弁護士事務所に属するパートナーで、私も尊敬する方です。私の銀行員時代もそうでしたが、最後に一番お世話になるのが弁護士さんと金融庁です。なので、銀行側も藤原さんのような実績を積んだ方には一目を置いた対応となります。藤原さんもDDの窮地をすぐに正しく理解してくださり、第1回バンクミーティングをやってくれました。一番苦しい時にDDホールディングスの財務・経理担当のメンバーは本当に素晴らしい働きをしていました。ここに森・濱田松本法律事務所が加われば鉄壁だと思いました」


2021年1月、第1回バンクミーティングに臨むために壮大な事業再生計画案を完成させた斉藤は、藤原弁護士の後ろ盾を得て成功を信じていたという。

「私たちがお取引している19行の銀行全てに集まっていただいて行うバンクミーティング。そこでお願いするのは100億円近い借り入れの元金の返済を止めていただく、ということですから並大抵のことではありません。とくに、コロナ禍前の1年か2年ぐらい前に借りた銀行からは、不服と不満が出て当然でした。2019年まで最高益を続けていたDDは、どこから見てもピカピカの会社でした。だからお金を貸したのに、1年で元金が止まるとなれば、当然クレームがきます。もっともなことですよね。そのために、これからどうやってDDが復活していくかという、緻密な事業再生計画案を作ることにしたんです」

西村がその計画案について語る。

「ここで外部コンサルタントとしてフロンティア・マネジメント株式会社に再生コンサルを委託し、ＤＤの社員と一緒に事業再生計画を作成してもらうことになりました。外部コンサルの計画でないと銀行はなかなか納得できないからです。フロンティア・マネジメントは信頼できるコンサルタント会社です。最良の弁護士事務所とコンサルタント会社がセットになれば万全の体制となります。松村社長は弁護士事務所と同じようにコンサルタント会社とも契約してくれました。ああ、これでトンネルの先に灯りが見えてきた、とほっとしたことを覚えています」

西村は、銀行の思考をその身に刻んでいた。

「私は４店舗の支店長経験があるのですが、銀行がお客様にとって味方にもなり敵にもなることを経験しています。銀行のお金はお客様の預貯金です。官僚は税金を自分のお金だと勘違いしていると感じることもありますが、銀行員は銀行にあるお金は預金者が源であることを肝に銘じています。取引先の企業を信用して多額のお金を貸しますが、『これ以上貸したら被害が起こる』と思ったら、貸し出しを止めます。貸したお金は戻ってこない、これ以上貸すと支店に損害が及ぶと思ったら、非情にならざるを得ません。融資という仕事、これはかなりのセンスが問われます。経験も必要になります。最後まで貸すのが必ずしも立派ではなく、他方で早い段階で貸し出しを止めるのも必要です。貸した先が倒産すれば銀行も被害を被りますから、赤字の中で貸し続けろ、と言うのは銀行にとっては本当に酷な話ですよ。でも、最強の布陣でバンクミーティングに臨めることになりリスケジュール（銀行が貸したお金の返済を一時的に止めること）の可能性は大きいという気持ちになっていました」

こうして作り上げられた事業再生計画案のプレゼンテーションは２０２１年1月15日にＤＤ本社会議室にて行われた。

西村は、このバンクミーティングを「運命の会議」だと位置づけていた。

「驚くべきことに、藤原弁護士が直接、銀行団にスケジュールの概要と再生計画の説明をしてくれました。社員も最大限の努力をして、ＤＤは数十億円のコストカットをする。本社も２フロアから１フロアに集約し、人員も店舗も減らし支出を極力削減。自然災害やパンデミックにも強い事業の推進、新規事業の展開などを推し進め、数年で通常の契約に戻ることを再生計画に盛り込みました。難しい条件でしたが、樋口ＣＦＯを筆頭に粘り強く交渉してついにリスケジュールは成立したんです。最後はメインバンクのＳＭＢＣが段取りをしてくれたので、19行の意見もまとまり、うまくいきました。この案件を取りまとめたＳＭＢＣは大変立派だったと思います。そしてこの結果は、松村社長と経営陣の大きな勲章だと思います」

低空飛行から、復活の兆し

２０２０年度と２０２１年半期の営業利益を見ると、それは厳しいものだった。斉藤が苦しい日々を述懐する。

「12月は忘年会シーズンなので、例年なら１・５倍から2倍ほどの売り上げになり、利益は2〜3倍になります。しかし、2回目の緊急事態宣言が予測されていた当時は、人の出も売り上げも、完全に減ってしまったんです。２０２１年3月から協力金の一部が入金されていましたが、それも微々たる金額でした。毎月お金は出ていく一方で、ちゃんとした補償が出るかどうか確実ではなかったので、正直薄氷を踏むような経営を強いられていたんです。ですから２０２１年当初、役員会での話し合いは、どうやって資本注入をするかが中心でした。そこで決まったのがワラント（第三者割当による新株予約権の発行）です。このワラントによって２０２１年上半期で17億から18億円ほどが調達できました。取引銀行への元本の返済の停止と合わせてなんとか持ち堪え、２０２１年の4月以降は資金の収支のプラスマイナスがゼロになりました」

斉藤の言葉を受け、西村が続けた。

「営業赤字と同じくらいの金額で営業外収入、つまり協力金が入ることになっていました。しかし、いつ入るか、それがわからなかった。協力金が速やかに支払われていれば、ＤＤの経営状況も全く違っていたと思います。協力金の仕組みは、ものすごく複雑でした。今はもう辞められましたが、取締役だった稲本さんが政治家や行政にアプローチして、その交渉の経過を毎週月曜日の経営会議で報告されていました。外食業界は政府への陳情ルートがこれまでなかったということで、稲本さんをはじめ、大手の経営者が懸命に動かれましたね。2020年の5月には、当時副総理だった麻生太郎さんを発起人とした『多店舗展開型飲食店議員連盟』を設立されています。それを聞いていて、我々の世界にもロビー活動が必要だと思いました。そして、その中心には、今回の苦難を経験している松村社長がいるはずだと、未来に向け期待を持ったものです」

コロナ禍において、DD存続の危機は半年ごとにやってきたと西村は語る。

「銀行は契約期間しか『期限の利益』を与えてくれないんです。期限の利益というのは、ここまでは貸しています、次は返せということです。それを半年ごとにもう一度ロールする、つまり引き続き貸してもらうよう交渉します。2021年1月のバンクミーティングでは7月までしか合意していないのです。お酒を提供している外食企業はどこも苦しかったと思います。赤字で返済できませんでしたからね。でも、私は少し楽観的でした。DDは平常時に戻れば勝ち残るということを確信していたからです。松村さんはどんな時でも、希望、希望、希望、絶対に諦めない、と言い続けてきましたから不安や絶望はありませんでした。下がった株価も徐々に上がります。供給も減ったし需要も減っていますから、落ち着くところまでいけば落ち着く、というのが資本の論理です。売り上げも、株価も、とにかく希望しかありませんでした。社内外を問わず、ＤＤの関係者は、みんなそうだったと思います。だから苦しくても戦うことができたのです」

西村の言葉に、斉藤は大きく頷いた。

「その通りです。明るさを忘れないところがＤＤの長所です。従業員にさらに週1回休みを強いた時があったんです。休むと給料が20％下がるんですね。生活がかかっていますから辞めざるを得ない人もいたと思いますが、危機を乗り越えると信じて、ほとんどが歯を食いしばって残ってくれましたから」

二人の言葉を受けて松村は言った。

「希望を信じる心の強さがＤＤにはある」

短い言葉だったが、そう断言した松村の瞳は、全てのスタッフが同じ思いで一枚岩となり、危機を乗り越えた感謝と誇りで輝いていた。

西村は、役員会でマイナスな発言があると「ＤＤはCompetitor（競合他社）には負けていない。平常時になれば絶対に勝てるんだ」と、繰り返し発信していた。

「そうすると松村さんがまた奮い立ってくるんです。それに役員会は取締役プラス、執行役員と社外取締役が来ていますが、みんな同感なんです。2020年2月期決算を見ていますからね。未曽有の好決算なわけですから、底力があるというのは銀行団も知っています。だから融資も他よりもスムーズにいったと思います」

緊急事態宣言は4回発出され、感染者数は上下を繰り返しながら着実に増え続け、2021年から2022年の年末年始には第6波といわれるピークを迎えた。少しずつでも復興に向かう震災とは違い、この期間がどれほど続くのかわからない。ワクチンも十分に行きわたっていない状況下で、不安と恐怖を抱えながらも、必死で戦っていたのである。

そんな状況下にあって、西村がその心をほっとさせた瞬間があった。それは松村が、1年延期された東京2020オリンピック聖火のトーチキスリレー及び点火セレモニーに、2021年の夏に参加したことだった。

松村は、緊迫した時間をともに過ごす西村へ、こう話したことがあった。

「厳しいとか忍耐とか言っていたら人間はやっていられませんよね。コロナ禍でもオリンピックとパラリンピックがこの東京で開催できたことが、喜びであり、希望です」

動かない体をものともせず松村が大きなステージに立って、メッセージを送る姿に、西村は感動していた。

「松村社長の超人的なエネルギーが、人の心を動かすんですよね。財務経理の取締役と担当社員たちが寝ることも忘れてバンクミーティングのために資料を作ったのも、松村社長のもとで働きたいからです。いい会社だな、と何度も込み上げるものがありました。そして、この会社の監査役であることをとても誇りに思っています」

２０２１年７月21日、東京２０２０オリンピック聖火のトーチキスセレモニーでステージに登壇した松村は、当日のインスタグラムに次のような投稿をしている。

《【ご報告】
東京２０２０オリンピック聖火のトーチキスリレー及び点火セレモニーで
～ Hope Lights Our Way ～
希望の道をつないできました

コロナ禍、私ら外食企業は大変厳しい環境ではございます
社員もそんな中本当に頑張ってくれています
是非この聖火リレーを通して多くの皆様に元気・勇気を与えられたらと願っております》
（松村厚久　２０２１年７月21日　インスタグラムより）

未曽有の危機から最強の会社へ

東京都の「まん延防止等重点措置」が2022年3月21日に終了すると、その春の日差しとともにコロナ禍以前の日常が少しずつ戻ってきた。

2023年、新型コロナ対策として常識とされたマスクの着用について、政府は3月13日から屋内・屋外を問わず個人の判断に委ねる方針を決定していた。そして5月8日、これまで「新型インフルエンザ等感染症（いわゆる2類相当）」とされていた新型コロナウイルスが、「5類感染症」へと移行したのである。

この措置を受け、日の暮れた街の居酒屋やレストランには客が溢れ返った。DDの店も予約で埋まり、開店から閉店までフル稼働だった。松村はその様子を見ようと、都内の店を回っていた。

「嬉しい悲鳴とはこのことです。休む暇もないことに社員たちは歓喜して、涙を流すほどに喜んでいました。料理を作りサービスをする社員たちに『ありがとう』と声をかけていた私は、我が社はコロナとの戦いに勝ったのだ、と心の中で繰り返していました」

新型コロナウイルスが5類に移行した頃、松村と西村がコーヒーを片手に社長室で懇談をする機会があった。

コロナ禍を振り返った松村は、東京オリンピック開催に向けての華やいだ気持ちと、無観客開催になったことで店への客足が全く伸びなかったことへの暗澹たる気持ちと、その両方を抱えて夏の日を過ごしたことを思い起こし、話し出した。

「2021年の夏は、本当に忍耐しかないという感じでした。1万人近い人が感染していましたから、社内でも楽観的なことを言うことは憚られるようになってきて、8月、9月は最悪でしたね。しかし、お店を開ければお客様は来てくださいました。昼の営業だけでも、19時までの営業でも、開ければ売り上げもたちました。20時まで開ければさらにたちます。間違いなく売り上げが上がっていくので、平常に戻ったら絶対に復活する、という展望や希望を絶対に捨てませんでした」

松村の言葉に耳を傾ける西村は、力強くこう続けた。

「私がDDの監査役になり8年になりますが、経営陣や社員の皆さんのチームワークはこのコロナ危機を経験してさらに強くなったと感じます。私はいくつもの企業を見ています。企業価値の一番の指標はチームワークですよ。大手企業でもそのチームワークがCランクのところもありますが、DDは間違いなくAランクです。コロナ禍では給料も下がったし休業もありましたので、去る人もいましたけれど、それでも松村LOVEのある社員たちが笑顔を忘れず、黙々と働き続けました。会社が悪くなる時は、外的要因ではなく、実はまず内部からくるわけです。ですが、DDはその状況が全くなかった。松村さん、本当に素晴らしい会社を作りましたね」

西村の言葉を受けた松村は、声に力を込めた。

「ありがとうございます。ここまでやってこられたのは、社員のみんなに『負けない、屈しない』という不屈の精神があったからです。『私たちは誰かに負けたのではなく、コロナに耐えているだけなのだ』と、言ってくださった西村監査役の言葉が、私たちの合言葉でしたよ」

西村には、松村の思いの強さを実感する出来事があった。

「松村さんは、夢を追う力が誰よりも強い。ゆえに一線を越えそうになることもあります。たとえば2015年、どうしても気に入ったモルディブの島を買う、と言い出したことがありましたよね。リゾート投資はもちろん大事な事業ですが、この時には私は反対しました。どう考えてもリスキーな投資だったからです。でも松村さんは、DDの未来のために買うと言い張って聞かなかった。役員の皆さんも反対しましたが、それでも買うと言い続けた。社外監査役と3人でモルディブの島買収反対の意見書を提出しました。それでやっと島を買うことを思いとどまっていただいた。松村さんはすごいエネルギーで突っ走ります。でも、最後は外部の助言を冷静に判断して行動することができる。それは聞く力があるからです。多くの成功した起業家はだんだん人の話を聞かなくなります。自分に反対する人を排除しようとすることもあります。でも、松村さんは違います。だから大勢の社員が心を一つにしてついていけるのだと思いますよ」

松村は照れたように顎に手をやって頭を下げた。

「西村監査役の経験と見識、そして、ＤＤへの愛情がＤＤの進む道を照らしてくれたんです」

西村は次のように言い添えた。

「アメリカの経営学には、３Ｃというマーケティング分析に必要不可欠な3要素があります。それはCustomer（顧客）、Company（自社）、Competitor（競合他社）です。勝ち負けでいえば、それはCompetitorとの戦いになるわけですが、ＤＤはどこかの会社や業界に負けたわけではありません。ただコロナウイルスの襲来に耐えていたんです」

マクドナルドやケンタッキーフライドチキンではコロナクラスターが起こらず、アルコールを提供する居酒屋・レストランにクラスターが起こった。そのことに訝《いぶか》しさを感じずにはいられない、と松村は呟いた。

「コロナ戦争が起きているのは、ＤＤやワタミ、エー・ピーカンパニーなどのパブ・居酒屋でしたね。お酒が敵になった。飲酒の場を原因にして押さえ込もうとしているところがあったのではないでしょうか。アルコールを提供する飲食業が目の敵にされた印象です。まるで生贄のように。いつかこの時代のことが昔話になって、あのコロナ禍があったからＤＤは最強の会社になった、と言われるようにします。それまで監査役、よろしくお願いします」

松村との懇談を終えた西村は清々しい風を受けたような爽快感に包まれていた。そして、こう思った。松村のように発想力と行動力を兼ね備え、従来と同じ軌道に従うことなどに何の興味もなく、大胆に未開の地にジャンプして道なき道を行くような勇者だけが、新しい事業を築けるのだ、と。

「コロナという未曽有の危機を乗り越えられたのは、ありとあらゆることに采配を振り、決して諦めることのない松村社長の姿が、復活への道標となっていたからです。その姿を社員の皆さんが見失わなかったから、あの崖っぷちに立ちながらも最良の結果を導くことができたんだと思います。当たり前のことなんですが、そこにはリーダーが必要なんです。松村さんはパーキンソン病と闘いながら、強いリーダーであり続けた。松村さんのような社長は世界に一人しかいないでしょう。これからも松村厚久という唯一無二の経営者を支えていきたいと思っています」

第5章

「俺は、パーキンソン病に殺されるのか」

話は2019年にさかのぼる。この年、翌年夏に開催される東京オリンピック・パラリンピックに向け、日本中が浮き立っていた。秋には、日本で初めて開催されるラグビーワールドカップも待っている。松村も興奮を隠し切れなかった。

「経済を動かすほどのこうしたスポーツイベントは、気分を高揚させ、外出・外食の機会を増やします。当然国内だけでなくインバウンドの外国人観光客の増加も確実です。ラグビーワールドカップ、オリンピックを梃子《てこ》にして、前人未到の数字を目指そうと、経営メンバーとはいつも話していました」

DDホールディングスは来るべきオリンピックイヤーを前に外食業界の先頭に立っていた。しかし、松村が人生の大舞台に立ったと感じていたその時、彼は人生最大の危機に見舞われることになる。

新型コロナウイルスによるパンデミック前年に起こった大事故とその後の奇跡の復活は、松村の激動の人生の中でも大きな転換点となった。

「私はこの時、改めて若年性パーキンソン病と正面から向き合うことになりました。残された人生をどう生きるか、考え抜きました。あの体験があったから、コロナとの戦いにも耐えることができたのだと思っています」

真夏の朝に訪れた魔の瞬間

事故があったのは、2019年8月7日、よさこい祭りに参加するために高知へ行く前日の朝のことだった。

「朝ふと目が覚めて、喉が渇いたなと思い、冷蔵庫にあるオレンジジュースを飲もうと思ったんです。ベッドの柵につかまって起き上がり、ベッドの脇に立って寝室から台所へ歩き出そうとしたその時に、バランスを崩して足から崩れ落ちるように倒れてしまいました。その時、倒れた弾みで左腕がすっぽりと柵にはまってしまいました」

柵に左脇があたり、腕がベッド側に入って、そのまま落ちた。健常者なら立って起き上がるだけのことだが、松村は自力で立ち上がることができない。

「いつもなら声をかければ妻の千春が駆け寄って抱き起こしてくれるのですが、あいにく、妻は前日の6日に高知へ向かって出発していました。私はなんとか立ち上がろうと思ったのですが、運悪くパーキンソン病の薬が切れる時間だったので普段以上に体の動きが鈍っていました。しかも、倒れて大きく頭が振れた拍子に、自分で自分の舌を嚙んでしまった。歯で舌を切ってしまったんです。その出血が酷くて、すぐにパジャマにしているTシャツが血で染まっていきました」

意識が徐々に遠のいていく。松村はベッドサイドにある時計を見た。朝の8時を少し過ぎたところだった。秘書が自分を迎えに来るのは昼過ぎのはずだった。

「何時間もこの体勢でいたら、左腕が大変なことになるとすぐに想像できました。自分の体重でベッドの柵に左脇が押さえつけられて、血流が止まっていたからです。なんとか立ち上がろうと腕や足に力を込めましたが、体勢を変えることができません。左右の足は腰の下でクロスしていて、だんだんと痺れて感覚がなくなっていきます。ベッドの柵に脇がはまった左腕は、血流が止まって紫色になっていきました。秘書が来るまで4時間ほどもこの体勢でいたら、腕が壊死してしまうと思ったし、血の流れが滞った影響で心臓が止まるかもしれないな、と考えていました」

意識のあるうちにできることをしようと考えた松村は、声を出して助けを求めた。

「誰か、誰か、助けてくれ！　と叫び続けましたが、密閉されたマンションでは誰にも声が届きません。やがて声帯が傷ついたのか、声が出なくなりました」

舌から流れ出した血液も止まらず、カーペットにまで広がった。

「病に負けるものか、と言って20年闘ってきました。でも、その時には、『ああ、俺はパーキンソン病に殺されるのか』と悲しみが込み上げてきたんです。もう痛みも痺れも感じなくなった時、それでも諦め切れなかった私は、目の前の暗闇に向かって叫んでいました。『もし、助かるなら、これからの人生に訪れるどんな試練にも耐えて、打ち勝ってみせる』と。声は出ていなかったはずですが、そう叫んだ声が自分の耳に聞こえてきたんですよ」

それを最後に、松村は意識を失った。

病院への救急搬送

寝室のベッドの脇に座り込んだように倒れて意識がなくなっている松村を発見したのは、秘書の山田遼太朗だった。

この日は、13時30分からロングブレスのレッスンが入っていた。ロングブレスとは全身に力を入れて呼吸を繰り返す運動で、松村はその提唱者である俳優の美木良介の個人トレーニングを受けていた。

山田はその日のことを詳《つまび》らかに覚えている。

「迎えに行ったのは、昼12時半頃でした。ロングブレスのレッスンがある日には、アポイントの1時間前に部屋を訪れ、松村社長の着替えなどの身支度を手伝います。その日は、社長一人だと知っていたので、預かっている鍵でドアを開け、玄関で『おはようございます、山田です』と声をかけました。いつもならすぐに奥から『おはよう。上がって、ちょっと手伝って』と呼ばれるのにその日は返事がない。人の気配もなく、しんと静まり返っている。夏なのに冷房もついていませんでした。私は違和感を覚え、何かあったのではと思い急いで奥の寝室へ向かったんです」

山田の目に飛び込んできたのは、ベッドの脇で座り込んだまま気を失っている松村の姿だった。

「社長、社長、と声をかけましたが返事がありません。近くに行ってみると、口から流れ出ている血で辺りが染まっていて、左腕は紫を通り越して、黒くなっていました。左脇に全体重がかかっていて、ベッドの柵に左腕が吊り下がっているような状況でした」

山田は冷静だった。まず、胴を抱えて柵に挟まっていた腕を抜き、松村の絡まっていた足をほどいて伸ばした。後ろに回って立てた自分の膝に松村の背が寄りかかれるようにして支えていた。左腕は人間のものとは思えないほど腫れ上がっていたので、できるだけ触らないようにした。

「体を支えながら、もう一度、社長、と呼ぶとうっすらと目が開きました。何かしゃべろうとしたようですが、口の中に血液が溜まっていたので、まずそれを吐き出しました。顔を覗き込むと顔面蒼白で意識も混濁している。一目見ただけで危険な状態だとわかりました」

山田は松村を左手で抱きかかえたまま右手でポケットからスマホを取り出し、１１９番に通報する。救急車を要請した後は、すぐに会社へ電話し、同じく秘書の安藝雅人に詳しい状況を伝えたのだった。

山田の電話を受けた安藝は、社長室長の青木に状況を伝えるとそのまま会社を飛び出し、松村のマンションに駆けつけた。驚いた安藝も、社長！　と声をかけることしかできなかった。

「左腕が危ない、ということは一目で私にもわかりました。松村社長はその時、短パンにTシャツという格好だったのですが、半袖から出ている左腕が真っ黒でパンパンでした。普段の3倍ぐらいになっていたと思います」

救急隊を待っている間、山田は松村が再び意識を失わないように、

「大丈夫ですか」

「どこか痛いところありますか」

「もう大丈夫ですよ、安心してください」

と立て続けに話しかけていた。

「私のことを認識していたかどうかはわかりませんが、松村はずっと『フット、フット』と言っていました。何のことかなと思っていたのですが、後から聞くと、それは英語の足、でした。ハワイにいた時に倒れたと思い込んでいたそうで、痺れて感覚がなかった足は大丈夫かと聞きたかったそうです」

12時50分、４人の救急隊員が松村の部屋に到着する。山田は、松村が若年性パーキンソン病だということを話し、「おそらくベッドから起き上がる時に、転んで倒れ、足が絡まって、左腕は柵に挟まり、起き上がれなくなっていたと思います。口から血が出ているので頭か顔をぶつけたのだと思います」と伝えていた。

「隊員の方々は、松村社長にいろいろなことを話しかけていました。社長もだんだん、その声に反応するようになりました。掠れた声で聞き取れないので私が代弁していましたが、言葉は『フット』としか言っていませんでした。救急隊の方から腕が挟まれていた時間を聞かれた時に、ついに意識が戻って、『30分くらいです』と言っていましたが、これも後から聞いたのですが『あの時は嘘をついちゃったんだよ。長い時間を言ったら腕を切断される可能性があるかもしれないと思って、本当は4時間くらい倒れていたんだ』と言っていました」

救急隊員は、松村に最低限の応急処置をし、動かしても問題ないことを確認してから担架に乗せ、救急車で病院へ向かった。

「救急隊が部屋から出ていったのは13時過ぎです。たぶん13時15分ぐらいにはマンションを出発していきました」

入院することは明白だったので、山田は必要なものを用意してから病院に行くことにした。救急車に同乗したのは安藝だった。

「救急搬送中の社長は、目で合図を送ったり頷いたりする程度はできましたが、話をすることはできませんでした。薬が完全に切れてオフ状態だったので、体は動かなかったです。舌の出血は治まっていましたが、意識は朦朧としていました」

下着やスエット、靴をカバンに詰め込んだ山田が安藝に連絡をすると、救急車の中の安藝が三田の東京都済生会中央病院に向かっていると伝えた。山田も車で病院へ向かった。

処置室に入って治療を受ける松村を、安藝も山田も待合室に座って待っていた。3時間ほどして二人に看護師から告げられた一言は、「ご家族を呼んでください」だった。親族でないと状況を話せない、と言うのだ。

それを聞いた安藝と山田は「左腕の状況が悪く、切断の手術をする同意を取りたいのではないだろうか」と話し合っていた。

松村の妻が「よさこい祭り」のために高知に滞在していてすぐに病院へ来ることができなかったので、湘南地区で仕事をしている甥の八木仁平に連絡を取ることになった。電話を受けた仁平は妻を伴って病院へ駆けつけた。

処置室に呼ばれた仁平が、安藝と山田が松村の秘書であることを説明し、3人で一緒に医師の説明を聞くことになった。仁平は松村の姿にショックを受け、言葉を発することができなかった。

山田は、役員たちに状況を伝えるため、処置室と松村の様子をつぶさに見つめ記憶していた。

「社長はベッドの上に固定されて寝ていました。誤って噛んで傷を負った舌は縫合したと、医師は言いました。口周りの血も綺麗に拭き取られていました。右腕には、点滴をはじめ、相当数の管が繋がっていて、心電図の測定器もつけていました。体には健康診断でつけるような、シールや吸盤みたいなものが何箇所にも貼られていて、上半身はまるでアイアンマンのようでした。口には酸素吸入器もついていましたし、指には酸素飽和度の測定器もはめられていました。電子モニター5個が、松村社長を取り囲んでいました」

問題の左腕について、医師は慎重に語り出した。

「処置をしてくれた医師は、コンパートメント症候群の可能性が高いです、と言いました。コンパートメント症候群とは、骨折や打撲などの外傷が原因で筋肉組織などの腫脹《しゆちよう》が起こり、その中にある筋肉や血管や神経などが圧迫され、壊死や神経麻痺を起こすことがあるのだそうです。断言はしませんでしたが、数日様子を見て、壊死なら切断する可能性もある、と仁平さんに伝えていました」

処置が終わってICUに入った松村は意識を取り戻し、甥の仁平のことも、安藝と山田のことも認識した。安藝が耳に口を近づけ話しかけると、うんうん、と返事をし、何か話そうとしていた。

「痛み止めの点滴を受けていたと思いますが、松村社長は眠っておらず、耳を近づけると、ギリギリ聞き取れるぐらいの声が聞こえました」

山田は松村が事故の状況を説明する声を懸命に聞き取った。

「開口一番、『オレンジジュースが飲みたい』と言ったので、驚きました。続いて、『朝、オレンジジュースを飲もうと思って起き上がったら転んじゃった。たいしたことはないよ』と言って、その声を聞いて少しほっとしました」

山田からの連絡を受け、青木と社長秘書の帰山美穂が駆けつけ仁平とともに松村の入院手続きを行った。

松村の若年性パーキンソン病の主治医である向井洋平医師が病院に駆けつけてきたのは、18時を過ぎた頃だった。安藝が、向井医師にも入院の連絡を入れていたのだ。

「済生会中央病院にはパーキンソン病の診療科がなかったので連絡をすると、すぐに病院に来てくださったんです。小平にある国立精神・神経医療研究センター病院から三田までですから、かなりの時間はかかります。向井先生は知らせを受けてすぐに病院を飛び出したとおっしゃっていました。ICUに入ると、看護師さんにパーキンソン病の薬を注入する機器の使い方とカートリッジの変え方を説明していましたね」

山田は青木たちと入れ替わりに、松村の自宅へ長期入院のための仕度をしに荷物を取りに帰っていた。その後、再び病院を訪れ安藝と合流し荷物を渡すと、20時頃にはまた松村の自宅に戻って、今度は部屋の掃除に取りかかった。

「松村社長が緊急搬送されたままの状態だったので、部屋のあちこちに飛び散っていた血液の跡が残らないように水拭きをしました。血まみれになっていたTシャツや枕やカーペット、タオルケットなどをゴミ袋に入れて処分し、一通り部屋の掃除を終えて家に帰りました。でも、ICUにいる松村社長と左腕のことを思って、その夜は一睡もすることができませんでした」

事故の翌日からは山田が病院で松村に付き添うことになった。安藝は、大勢のゲストが集合しているよさこい祭りのために高知へ行かなければならなかったからだ。

ICUの面会時間は、11時30分から12時、14時30分から15時、18時30分から19時の3回と決まっていたので、山田はその時間に松村の様子をうかがい、それ以外の時間は病院の待合室で待機していた。

8月8日、午前中の面会時間に青木と樋口、鹿中が順番に松村のもとを訪れた。松村の意識は戻っていたが、声を出して話すことができず、病院側が五十音表のボードを貸し出してくれた。松村はこの時、右手の人差し指で文字を指して、青木、樋口、鹿中らと会話をしている。

相談の内容は、よさこい祭りに松村が参加しないことを、9日に高知に集合する大勢のゲストにどう説明をするか、だった。4人で出した結論は、真実を伝えるのは松村と懇意にしている数人だけとし、その他のゲストには医師からドクターストップがかかったと説明する、というものだった。

2019年8月9日、よさこい祭りに参加するゲストたちが次々に高知空港へ降り立った。

その中で、西山、近藤、山野の3人だけに松村の怪我による入院が伝えられた。それ以外の参加ゲストと踊り子たちには「パーキンソン病治療の機器の不具合があって、ドクターストップがかかり、今回の参加は諦めた」と伝えられたのだ。

松村がほぼ全員に真実を伏せたのは、ゲストへの思いやりからだった。

「よさこい祭りは、歌って、踊って、笑い合う、人を幸せにする祭りなんです。私がICUに入院していることを知ったら、心配して心から楽しむことができませんから。嘘をつくのは申し訳なかったのですが、高知が誇る祭りを満喫して欲しかったのです。私に最も近い西山さん、近藤さん、山野さんに真実を伝えることにしたのは、私の代わりにゲストの方々を気遣い、誰よりも祭りを盛り上げてくださると信じたからでした」

盛大に開催されたよさこい祭りをDDのゲストの面々は心から楽しんだ。事実を聞かされた3人も、松村の意を汲んで心配の気持ちを隠し、地方車《じかたしゃ》に乗って声を上げ、松村の不在を打ち消すように盛り上げていた。

松村のいないよさこい祭りで懸命に踊ったDDよさこいチームは、祭りを盛り上げたチームに贈られる「地区競演場連合会奨励賞」を受賞した。

高知での様子をスタッフから伝え聞いた松村は、満足そうに何度も頷いた。

高知に住む姉の千晶とその夫の八木勝二は、よさこい祭りの最中に病院へ駆けつけ、何本もの管に繋がれた松村と再会した。千晶は松村の顔には傷がなく、その表情が変わっていなかったことに安堵したと言う。

「厚久は私たちの顔を見ると、声にならない声で『大丈夫、大丈夫』と何度も言いました。口元に耳をつけると、『来なくても良かったのに』と言うんです。今は仕事のことを考えずに、ゆっくりと休んで治療のことだけ考えて、と伝えると、『すぐに治すから、お母さんに心配しないでと伝えて』と言って、高知に残った母を気遣っていました」

千晶の次男・仁平も、たびたび病院を訪れ叔父を見舞った。その場所がICUではあったが、松村は久しぶりに姉家族と語らう時間を与えられたのである。

松村の入院が周囲に知らされたのは、「よさこい祭り」が終わった翌週のことだ。役員が手分けをし、ゲスト一人一人に電話をかけ、事情を説明したのである。その電話では、松村からの「完全復活します、待っていてください」というメッセージも伝えられた。

社員結束の日々

DDの社員たちにも8月19日には松村の入院の事実と、その経緯が伝えられた。社員が全員参加する午前9時40分からの朝礼で、青木がＩＣＵにいる松村の状況を話したのである。

役員たちは松村の入院を社員に話すか否か、悩んだこともあった。青木は胸の内をこう明かす。

「怪我の状況などを対外的に伝えるべきかどうかという議論はありました。松村社長のことだといっても怪我は個人的な事柄ですし、プライバシーもあって、詳細を伝える必要はあるのか、とも考えました。しかし、松村社長は、どんなことも社員と共有して歩んできた経営者です。その気持ちを思って、社員にはしっかり伝えよう、という結論に至りました。そこで、毎週月曜日に行う朝礼で、私から松村社長の現状と回復の様子を話すことにしたんです」

社員たちは、松村の怪我と入院の様子を受け止めると、心を一つにしていった。青木は、日々結束が強まっていく雰囲気を感じ、それを松村に報告できることが嬉しかった、と言った。

「オリンピックの前年で本当に忙しくしている社員たちの心が、松村社長を思う気持ちと重なって一つになっていきました。それぞれの持ち場で成果を出し、帰ってきた松村社長に報告しよう、と口々に語り合っていましたからね。こうしたことでも組織は強くなっていくんだなと実感した日々でした」

入院からしばらくの間は、面会できるのは一部の者に限られていた。ＩＣＵに入れる人数は一度に一人だけと決められている。しかし、松村は付き添う山田や青木に「誰か来ないかな」

と呟くことがあった。入院が長くなり、人恋しい気持ちを抑えられなかったのだ。

青木は松村のために、面会スケジュール表を作成することにした。

「松村社長はとても寂しがり屋ですので、誰かと会って話すことを待ち望んでいました。社外からも社内からも『面会に行きたい』という声も上がっていたので、私がスケジュール表を作成しました。見城社長や近藤代表や西山会長、山野社長、DDホールディングス傘下の社長たちなど、お見舞いに来られるように、日時を決めました。病院へいらしたら、まず私から治療の経過をお話しし、速やかに病室までアテンドできるよう、そのためのスタッフも配置しました」

経営幹部やホールディングスの社長たちとの面会ができるようになると、松村はその場で経営会議を始めることがあった。

「面会の際には、それぞれの会社、それぞれの部署の経営状況を報告することになりました。月曜日には定例会議がありますので、樋口さん、鹿中さんがそれぞれ病室へ来て、前週の実績や進捗状況、承認事案などを報告していました」

面会のスケジュールが決まったと連絡があり、ブランドデザイン室長の河内が松村に面会できたのは8月20日だった。

「松村社長は、私を見ると『河内さん、定例ミーティングが病室になってしまった、すみません』と謝っていました。その声を聞いて、ほっとして体の力が抜けましたね。鎮痛剤などを投与されていますから、普段は早口の社長がいつもよりゆっくりと話されていました。まだ自由に動くことはできないけれど、命には別状のない状態にまで回復して、本当に良かった、と思って何度も安堵のため息が出ました。各店舗、各業態の夏の数字もすこぶる良くて、松村社長はとても機嫌が良かったです」

松村が会社にいないだけで、社内全体が静かになっていた、と河内は言った。朝礼でも経営会議でも、最後の締めで話すのが松村だ。そこで松村は、皆を笑わせようとジョークや失敗談を身振り手振りで披露する。そして最後は社長の話に全員で大爆笑するのだ。

松村が起こす笑いがない現実は、社内にただ寂しさを漂わせた。河内は、これこそが松村厚久の人間力だと感じていた。

「企業のトップとしてはもちろん、社員の誰しもが『人間・松村厚久』に魅せられているんです。松村社長の姿が見えなくなって、その存在感を改めて強く感じていた日々でした。あの頃のDDはオリンピックに向けた準備で各部署が大忙しでしたが、全社員が松村社長の回復と仕事への復帰を願いながら、社員の仕事の勢いは増していたと思います」

ICUでの治療は2週間に及んでいた。周りにいるのは重症患者ばかりなので、四六時中電子機器の緊急音が聞こえてくる。松村は、痛み止めの鎮静剤を投与され浅い眠りについている時には、常に聞こえている〝ピコピコ音〟を、ゲームをしている音だと思っていた。その頃を思い出すと今でも松村は笑ってしまう。

「鎮静剤によるせん妄でした。ゲームしている夢を見るんですよ。こんなに長い時間ゲームばかりしていて誰かに怒られないかな、とドキドキしていましたね。それに、ＩＣＵがネオン管で煌めくバーになっている夢もよく見ていました。ＩＣＵの中にお酒が飲めるカウンターがあって、看護師さんが患者たちにお酒を出してくれるんですよ。さすが港区の病院だなと思いながら、夢の中でそのバーを観察していました。寝ぼけたまま、その話を事実として安藝にしたことがあったらしいんです。あまりにぶっ飛んだ話なので、誰にも言えなかった、と安藝が言っていました」

入院から2週間経ち一般病棟に移った頃、松村は「左腕は切断を免れました」と医師から告げられた。コンパートメント症候群のため左腕が壊死する可能性は十分にあったが、松村の左腕の細胞は再生を始め、徐々に血液が通って「圧迫麻痺」と診断されるまでになった。安藝は、左腕が残されると聞いた松村の表情を忘れることができない、と言った。

「腕は、黒から紫になって、ゆっくり腫れが引いていった感じですが、それでも回復している様子は日に日に色が変わることでわかりました。松村社長はその頃から、『早くリハビリして、完全に動くようにする』と意気込んでいましたね」

リハビリはまず歩行から始まったが、寝たきりの時間も長かったので体重が激減し、当初は立っていることも難しかった。また、若年性パーキンソン病で嚥下機能が弱ってしまい、食事が思うように摂れなかった。固形物を食べるとすぐむせてしまう症状に苦しめられていたのだ。負傷しているのは腕なのに、一番の敵は誤嚥による肺炎、という現状だった。松村は今でもこの時の空腹感を思い出すという。

「主に食べていたのはゼリーです。1日にゼリーが1個の日と2個の日がありました。普段はあまり空腹を感じないのですが、あの時にはお腹が空いて食事が恋しくて、『なんで今日はゼリーが1個しかないんだよっ！』と、一人でめちゃくちゃブチギレていました」


9月の1週目には広尾の日赤病院へ転院をすることになった。この頃になると食べ物を飲み込む力も戻っていて、食べやすいものなら少しずつ口にできるようになっていた。

「日赤病院へ見舞いに来てくださる方々が、フルーツゼリーやコーヒーゼリー、プリンを持ってきてくれるので、毎日、何個も食べていました。病院で出される食事も完食して、食べ始めると驚くほど体力が戻って、リハビリも行えるようになりました」

切断を免れた左腕は、その機能を完全に失っていた。

「サポーターで動かないように固定されていたのですが、左腕が元通りに動くかどうかはわからない、と告げられていました。それを聞いて、また俄然ガッツが湧いて、『リハビリして完全に元通りにしてみせる』と、意気込んでいましたね」

親友・近藤太香巳が支えた入院生活

無二の親友である近藤太香巳が松村の救急搬送を知ったのは、9日の午前中、高知龍馬空港に到着した時だった。空港で待っていたDDの役員から経緯を聞いた近藤は、「よさこい祭りどころではない。このまま羽田に引き返して病院へ行く」と言い張ったが、「何事もなかったように祭りに参加してください、これは松村からの頼みなんです」と聞かされ、そのまま高知に残り祭りに参加することを承諾したのだった。

本当に辛かったと、近藤はその時の気持ちを思い返した。

「瞬間的に、命に関わる怪我なのだな、と思いました。そうでなければ、絶対に松村厚久が僕に電話をかけないはずがない。そのまま祭りに参加する気分にはなれませんでしたが、松村からの頼みだと聞いて、それから3日間、心配を一切顔には出さないよう努めましたよ」

松村と長年の付き合いがある近藤には、松村の思いは痛いほどわかる。高知の焼けつくような日差しの下で、近藤は若年性パーキンソン病を抱えて大怪我を負った松村を思い続けた。

「よさこいから帰って、すぐに私だけ特別に済生会中央病院へ行くことを許してもらいました。

顔を見て安心して、僕は素晴らしいよさこい祭りのことを松ちゃんに報告しました。まだ点滴や心電図の管がたくさん繋がっていましたし、松ちゃんは体も自由に動かせなかったので、1時間ぐらい経った時に『そろそろ帰るよ』と椅子から立ち上がると、『近藤さん、帰らないで』と言うんです。『近藤さん、もっと話そうよ』と言って、帰してくれない。結局、病室に5時間もいることになりました」

松村には、仲の良い友人が大勢いる。そして、松村はその友人たちに気を遣う。松村の友情は真摯な気遣いと対になっている。しかし、世界で一人近藤だけには、無理難題やわがままを言うのである。近藤もそれを知っていて、松村が甘えることができる存在でありたい、と思っているのだ。

「寂しがり屋なので、僕に帰って欲しくないんですよ。面会に行くたびに『コーヒーゼリーを食べろ』とか『このプリンは美味しいですよ』とか言って、引き止めるのです。私に甘えて、犬を預けにきたり、自分の家族の揉め事を解決するために頼ってきたり、兄弟のように付き合っていますからね。閉ざされた自分の世界の一部を、私には見せてくれているんだろうと思います。だから、私も松ちゃんのわがままは何でも聞いてやろう、と思うのです」

近藤のその思いを、如実に物語るエピソードがある。

8月が終わる頃、見舞いに来た近藤に、松村は唇を噛み締めるようにしてドクターハラスメントを告白したのだ。

「俺を診る医者の対応が最悪で、我慢できない」

松村がそう言った日は、彼が集中治療室から個室へ移った日でもあった。近藤は「患者をあんなに雑に扱うことに我慢ができない」と繰り返す松村の言葉に耳を傾けた。

言葉遣いや診察時の態度、若年性パーキンソン病を患っている松村を煩わしいと思っていることがその端々に現れている、というのだ。松村がそこまで言うのだから、真実であることは間違いない。そこで、何かして欲しいことはあるか、と聞くと、松村は近藤をまっすぐに見て、「その医師と話をして欲しい」と言った。近藤は少し逡巡したが、後に引かない松村の願いを聞き入れた。青木に担当医を呼んでもらい、松村の部屋で話し出したのである。

「部屋に入ってきた医師は、僕の前でも不遜な態度でした。はじめは、『松村は若年性パーキンソン病を患っています。普通の患者さんとは違って先生も大変だと思いますが、よろしくお願いします』と頭を下げました。頭を上げると、その医師が僕の前でスマホを見ていたんですよ。それで、こいつはとんでもない奴だ、と思い、誰もいない相談室に連れていって二人で話をすることにしたんですよ」

近藤と二人になると、その医師は、開口一番こう言ったのだ。

「パーキンソン病なんだから、一刻も早く転院した方がいいです」

医師が若年性パーキンソン病の松村を邪険にすることが許せなかった。進行性の難病患者が思いがけず命に関わるほどの大怪我をしているのに、その患者に寄り添う気持ちが微塵も感じられない。近藤は噴き上げる怒りを抑えられなかった。

「君、何で医者になったんだ。医者というのは、患者の心のケアをする必要もあるだろ。ふざけるな！　君のような心ない人間は医者の資格がないよ。もう話をしても無駄だ、不毛だよ！」

松村が味わっていた屈辱を思うと、涙が溢れそうになった。病室に戻り、今度は松村にこう告げた。

「松ちゃん。ごめんな、俺、怒っちゃったよ、あの医者の態度が許せなくてさ、怒鳴りつけちゃった」

松村は、瞳をくるくると動かして近藤を見ている。近藤の耳に松村の掠れた声がかすかに届いた。

「近藤さん、ありがとうございます。俺だって、ずっと怒鳴りたかった。俺の代わりに怒ってくれて、ありがとう。嬉しかった」

その翌日から、形ばかりだが医師の態度は変化した。松村を診察する際に「今日のご気分はどうですか」などと、松村を思いやるような言葉をかけるようになったのだ。

松村は医師のその変わりように胸がすいた。そして、「近藤さんの武勇伝がまた一つ増えた」と言って、吹聴を始めるのである。

近藤は苦笑いするしかない。

「私も大人げなかったですが、松ちゃんの気持ちが1000分の1はわかる友人として、あの医者の態度にものすごく腹が立ったわけです。その後、松ちゃんは『近藤さんが俺の担当医にキレちゃって、大変でしたよ』と周囲に話していたんですよ。見城さんにも、西山さんにも、社員たちにも、『近藤さんが医者にキレて、病院中が大騒ぎになった』と言いふらしていました。しまいには、『近藤さんが医者にキレて、怒ってくれたおかげで、俺のゼリーが1個から2個に増えたんですよ』と言っていたそうです。松村は、どこへ行っても、何があっても、最高のエンターテイナーですね」

驚異のリハビリ

２０１９年９月18日、松村は、若年性パーキンソン病の主治医、向井洋平医師がいる国立精神・神経医療研究センターへ転院した。向井は、２０１６年の10月から、松村の担当医として彼の治療にあたっている。

２０１９年８月７日の事故とその症状について、向井はこう語った。

「重度の左上肢麻痺と、口腔内手術による嚥下障害が深刻でした。左上腕は細胞が壊死することなく再生できて本当にラッキーでした。あと数時間発見が遅かったら切断という事態になっていたかもしれません。舌を噛み、切っていたことで口から食事を摂ることが難しくなり、かなり痩せてしまった。舌の傷は縫合して良くなったのですが、あの時期に食事ができず痩せたことが若年性パーキンソン病の症状も悪化させ、回復へのハードルを高くしてしまいました」

55キロだった松村の体重は、この頃49キロにまで落ちていた。

慣れない進行期パーキンソン病患者の救急搬入を受け入れた済生会中央病院、そして転院した日赤病院の治療は確かなものだった。しかし、救急治療を終え、次は体重を管理し、体調を整え、適量の薬を処方し、同時に歩くための足の筋肉運動や左腕のリハビリを行うことが必要な段階に入った。

そういったことを勘案して、向井医師の管理下でリハビリテーションをしようという話が急遽まとまった。2週間ほど入院した日赤病院を離れ、通い慣れた国立精神・神経医療研究センターへ移ることにしたのである。

9月26日、向井医師は今後の治療に関して社長室長の青木にそのロードマップを伝えていた。左上肢の麻痺に関しては、時間をかけてしっかりリハビリテーションを行う。入院中も退院後も、とにかく腕の機能と筋肉を戻すためのリハビリを続けるしかない。向井医師は、松村なら苦しいリハビリも必ずやり遂げると思っていた。

「個室で好きにトレーニングしてくださいと伝えました。これは入院中でも秘書さんが常に付き添っている松村さんだから可能なことです。可能なことは全て取り入れた方がいいと思いますと松村さんに話すと、その日から、腹筋や背筋、スクワットが始まっていました。間もなく、筋トレ用のダンベルも運び込まれていましたよ」

松村の状態について、向井は「嚥下反射」「薬」「筋肉」の3点を考えた。

「まず『嚥下反射』ですが、そもそもパーキンソン病の患者さんは嚥下反射が悪くなるので飲み込む時に筋肉がうまく動かなくなってしまうことがあります。次に『薬』。左腕の治療のために入院していて薬の適切な量が変わってしまって、動きが悪くなっているケースも考えられました。パーキンソン病の薬は多すぎても、少なすぎてもいけないんです。そして『筋肉』。痩せたことによって飲み込むための筋肉の付き方が変わってしまうことがあるんですよ」

松村が完全復活するためには、とにかくこの3点を解決していかなければならない。

「『嚥下反射』が衰えてしまったのなら改善は難しく、年単位で少しずつ悪くなる可能性もあります。しかし、怪我をしたからといって急に嚥下反射がなくなるというのはあり得ません。ですから松村さんの場合は、薬の調節や飲み込みのリハビリをすることによって、元に戻るのではないかと考えていました」

口の中を切っていたために口が動きにくいということもあったが、同院には嚥下専門の医師や看護師が在籍しており、食事の形態をはじめ、さまざまな検討や調整がなされた。向井の見立て通り松村の嚥下能力は、ゆっくりではあるが確実に戻っていった。

「次に『薬』についてですが、怪我直後からその後の入院生活の間に、薬の効果が不安定になっていました。原因は体重が減ってしまったからです。たとえば体重が60キロと30キロの人がいたら必要な薬の量は違います。体重の減少に合わせて薬の量も減らさなければならなかったのですが、全身状態と若年性パーキンソン病の症状を見ながら治療薬の調整を行うことは専門家でなければ難しいと思います。こちらに来てからは、松村さんの薬の量を厳密に調節し、1割ほど減らして投与しています」

薬を調整したことにより、松村の症状は劇的に改善していった。嚥下障害の改善もあって、しゃべり方もしっかりとしていったのである。

「最後に『筋肉』についてですが、足もかなり痩せていて、筋力が極端に弱くなっていたので歩くのも難しいくらいでした。松村さんは事故が起きる前から運動やトレーニングにはかなり力を入れていましたので、そのトレーニングを復活してください、と伝えました。以後は、アスリート並みにトレーニングの鬼と化していき、みるみる体力と筋力が戻っていったのです」

転院当初は歩くのも大変だった松村だが、筋トレの成果は目に見えて上がっており、退院する頃には以前のように歩けるようになっていた。

パーキンソン病の患者にとって、薬と同じくらいリハビリテーションや普段の運動は大事だと、向井医師は話す。

「とにかくリハビリテーションをやることが大事です、と繰り返しお話ししました。松村さんはもともと運動能力が高いので、食べて体力が戻ると、飛躍的にリハビリが進みました。まずは歩行能力を再獲得するために下半身のリハビリに懸命でした」

よく食べるようになった松村は車で10分ほどのところにある回転寿司屋へも通った。

「外出許可をもらって、車で回転寿司を食べに行っていました。向井先生も、内臓疾患ではないですから大丈夫ですよ、と許してくれました。よく流行っていた店なので、たくさんのお客さんの中で一緒に食べることが楽しかったです」

出会ったパーキンソン病患者の中でも、松村ほどトレーニングに熱心な者はいない、と向井医師が語る。

「常に前向きな気持ちを持っていないと、あれだけ大きな企業の代表は務まらないですよね。進行期のパーキンソン病の患者さんは私もたくさん診ていますが、車椅子を使わずに歩き、腹筋がシックスパックに割れている患者さんは、松村さんしかいません」


向井医師管理の下でリハビリに励み、松村は2019年10月に退院した。

会社には退院の当日に復帰している。

「休んだ分を取り戻すためにフルパワーで行こうと思っていました。精力的に動き、1000店舗1000億円達成のために突き進もうと心に決めていたんです。退院した時にも左腕は完治というわけにはいきませんでしたが、ギプスをして仕事をし、毎日リハビリのための筋トレもしました。私たちの店は2019年9月20日から11月2日まで開催されるラグビーワールドカップ日本大会で来日した外国人のお客様で溢れ返っていましたから、どこも活気に満ち溢れていたんです。私はあの頃、毎日、翌年のオリンピックを想像し、武者震いを感じていました」

2019年の夏から交渉していた湘南レーベルのM&Aは一時は難航したが、12月についに買収が成功する。2020年の東京オリンピックでは湘南エリアでヨットレースが開催されるのを見越して買い上げた不動産・ホテル事業。それを手に入れた松村は、このままどこまでも大きな波に乗って突き進めるはずだ、と信じていた。

しかし、その1ヶ月後の2020年1月には、ほどなくパンデミックをもたらす新型コロナウイルス感染症が日本に上陸するのである。

寝室で転び、大怪我を負ったあの瞬間を、松村は鮮明に思い起こすことができる。

「夏の朝に一人きりの部屋で、このまま死ぬのかもしれない、と思いながら、ああ、このまま目を閉じたら助からないかもしれないと思って意識が遠のいていきました。その時、私は天に誓ったんです。『もし生かされたなら、どんな試練にも耐えていく』と。そして、病院で意識を取り戻した時、1000店舗1000億円を達成するために生かされたんだ、と思っていました。けれど、そうじゃなかった」

眉間に力を入れ、目を見開いた松村はこう続けた。

「コロナと命懸けで戦うために助けられた、そのために長らえた命だったんです」

第6章

魂の救済

松村厚久を突き動かす経営戦略

松村とDDホールディングスを襲った嵐のような日々は、松村の夢と成功の形を大きく変えていった。

「パーキンソン病がもとで大怪我を負って、また新型コロナウイルスのような予想もしなかった外敵に会社を蝕まれて、私は考え続けました。盤石な事業とはいったい何なのか、社員に安心と幸福を感じてもらうためにはどのような経営者であればいいのか、と。そう思いながら、目的を達成していると自分の仕事を誇っていた自分を恥ずかしく思いました。だからこそ、どんな敵が来ても倒れない、どんな事態が起こってもキャッシュに苦しまない。そんな会社を生涯かけて作ろうと心に決めたんです」

そのために松村がしたことは、自らの経営の検証だった。

「歩いてきた道のりを振り返り、いいことも、悪いことも、洗い出して、屈強な経営のための糧にしようと思いました」

2015年7月7日に東証一部上場を成し遂げた株式会社ダイヤモンドダイニングは2017年9月にホールディングス化を実現し、未曽有のM&A構想を展開することを決定したのである。

松村は、外食の経営者たちにとって目のくらむような目標「1000店舗1000億円」を華々しく掲げながらひた走った。そして、M&Aで数字を積み上げていくという松村のビジョンのために、M&A担当の役員たちは買収企業の選定や交渉に駆け巡っていった。この頃の松村の口癖は「早く、早く、早く！　スピード、スピード、スピード！」だった。

「一部上場に先立ち、2015年の4月に『3ヶ年中期連結経営計画』を打ち立てていたんです。2016年2月期から2018年2月期を『成長投資期』と呼んで、3年間で積極的な投資を行いながら、業績を最大化すべく事業を推進する戦略でした。さらに2017年9月に持株会社体制に移行しましたので、新たに『世界に誇るオープンイノベーション企業を目指す』という経営理念を、社長の私も経営陣も社員も、みんなで共有しました」

2017年11月19日のコンベンションでは、松村は次のようなメッセージを高らかに発していた。

「売り上げ1000億円を最速最短で目指す！」

松村が打ち出した「1000店舗1000億円」は単なる数字ではない、とM&A構想を松村と推し進めていた斉藤は言う。

「ダイヤモンドダイニングのビジョンと勢いを、そのまま表しているのです。松村社長は昔から、外食業界の地位を向上したいと考えてきました。M&Aはそのための手段です。東京都、首都圏を中心に居酒屋、レストラン業態しか展開していなかった我々が、スピード感を持って売り上げという数字で強さを示すことが重要なんだと、社長とは毎日のように話していたんです」

そうした中で課題はいくつも浮かび上がっていった。松村はDDの弱点を明確にすることが重要だと感じていた。

「外食業をアルコール業態とノンアルコール業態という分け方にするなら、ダイヤモンドダイニングは、ノンアルコール業態では全く結果を出していませんでした。さらに、成功できるエリアが限られていることも見えてきたんです。創業以来山手線の内側、つまり東京都内中心に店舗を展開してきたため、埼玉県や神奈川県では思うように運営ができなかった。それでは、どんなに成功していても、ヨーロッパだけ、アメリカだけ、アジアだけというように、限られた文化圏の中で満足しているようなものでした」

カフェなどのノンアルコール業態と全国展開を推し進め、関東全域、さらには全国主要都市での店舗運営を実現するために、異文化を受け入れる必要があることが浮き彫りになった。

「ダイヤモンドダイニングの得意分野である都内の夜の営業、アルコール業態においては、他の追随を許すことはないと自負していました。しかし、現状を維持しているだけでは、いずれ頭打ちになる。DDにはできない店作りをして、DDにはできない飲食文化を育てていて、私とは違う発想ができる経営者がDDには必要でした」

２０１５年７月に東証一部に指定替えして以降２０１９年まで、松村の動きは本当に素早かった。松村が描いた戦略を役員と社員が一枚岩となり成し遂げていくのである。

・２０１６年９月－株式会社ゼットンをＴＯＢ（株式公開買付け）により持分法適用会社化
・２０１７年６月－「chano-ma」「石塀小路豆ちゃ」の業態をはじめとした店舗を展開している株式会社商業藝術の発行済全株式を取得し、完全子会社化
・同年６月－ゼットンを連結子会社化
・同年９月－ダイヤモンドダイニングを持株会社化し、株式会社ＤＤホールディングスに商号変更
・２０１８年11月－１００％出資子会社として株式会社フードビジネスキャスティング及び株式会社ＤＤホールディングスベンチャーキャピタルを設立
・２０１９年３月－株式会社エスエルディーを連結子会社化

カリスマ経営者、貞廣一鑑《さだひろかずみ》が地元・広島だけでなく、関東、京阪神など全国展開をはかり、スタイリッシュな空間を創出してきた株式会社商業藝術の全店舗獲得により、ＤＤの出店地域は飛躍的に広がった。

稲本健一が創業し、ハワイアンフード、カフェレストラン、ビアガーデンなどハイセンスな

外食文化で多くのファンの心を摑むゼットンは、DDの弱点を補ってあまりある店を作り上げていた。経営から退いた稲本に代わってゼットンを引き継いだのは、稲本とともに店舗を築き上げてきた鈴木伸典だった。

さらに、2019年3月には、「より多くの人々を楽しませるために」という企業理念のもと「音楽」「アート」「食」をはじめとするさまざまなカルチャーコンテンツを企画・融合させ事業を展開している株式会社エスエルディーを連結子会社化したDDは、それまで希薄だった学生や主婦層にもマーケットを広げることができたのである。

そして、2019年の年末には松村の一つの夢が叶う。リゾート・不動産業態参入への狼煙となる湘南レーベル株式会社の買収である。松村が2011年3月の東日本大震災時に、地震被害や停電、過度の自粛による業績悪化を受けて以来、外食に変わる主軸事業を持とうと考え、白羽の矢を立てたのが湘南地域に宿泊施設を展開する湘南レーベルだった。

湘南レーベルとの契約

湘南レーベルとの交渉は、2019年の夏から冬にかけて行われていた。松村は、怪我を負った体で話し合いの席に着いていた。

「左手にはギプスをしたまま湘南レーベルの島田雅光社長と面談したんです。その時には、もちろん事故と怪我の話になり、その詳細を伝えました。そして、声はまだ掠れていたかもしれませんが、私のリゾート・ホテル事業への情熱をそのままお伝えしたんです」

同席した斉藤は怪我を負った松村の交渉の詳細を覚えている。

「島田社長はとても驚かれていましたが、一生懸命に話す松村社長の言葉に静かに耳を傾けてくださいました。腕の怪我のせいかどうかはわかりませんが、松村社長の登場で一気に流れが変わったのです。実は、我が社からお伝えしていた買収金額と湘南レーベルの希望額には、数十億円の開きがありました。その減額交渉がなかなかうまくいかず、私は『今回はまとまり切れないな』と落胆していたんです。ところが、松村社長と話をした島田社長が『湘南レーベルは松村社長にお渡ししたい』と、おっしゃったんです。我々も40億円以上の資金が集められない状況でしたので再度そのことを伝えると、『松村社長であれば、その金額でいいです』と言ってくださいました。『他社もいろいろ検討したけれど、松村社長に預けるのが湘南レーベル社にとって一番いい選択です』という言葉を聞いた時には、体が震えていました」

松村が起こした奇跡を目撃した斉藤は、松村の真の強さを垣間見ていた。

「希望の金額に開きがありすぎましたので、諦めかけていた案件でした。でも『お金のことはもういいです。松村社長に任せると決めましたから』と言う島田社長の決断を聞きながら、松村社長の強さに震撼していました。松村社長の強さは、偽りなく、弱い自分も曝《さら》け出すことです。その勇気と真実が交渉の壁を打ち破ったのだ、と感激していました」

松村は怪我による左腕の痛みや体調不良をおして、年末最後の日まで経営会議に参加した。

「12月中に湘南レーベルのM&Aが成立しましたから、体はまだ回復の途中でしたが、心は軽やかでした。左腕の機能を絶対に回復させてやると思っていたので、会社でもリハビリを続けながら、時間になると会議に参加し、最高益を続ける経常利益の数字を見ていました」

湘南レーベルの事業計画を見ていた松村は、湘南レーベルの本社が東京オリンピックのヨット会場のすぐ目の前にあることに心を躍らせていた。どれほどの国内外の観光客がDDの経営するホテルに泊まるだろうと考えるだけで、さまざまなアイディアが湧いてくるのだ。

「ホテルではただ泊まるだけでなく、リゾート気分も味わいリラックスしていただきたい。大ヒットするであろうサウナを作り、集客の目玉にしたいと話していました」

オリンピック景気で得る経常利益にまで思いを巡らせた松村は、2020年こそ、顧客への感謝を形にする時だ、と思っていた。

「そこで私が願っていたのは、2020年の株主還元は徹底して行いたいということでした。私もオリンピックで聖火ランナーを務めることが決まっていましたし、オリンピックのインバウンド景気で得た利益は大胆に株主様に対して還元させていただこう、と心に決めていたんです」

その頃、松村はテレビで中国の武漢に発生した新型ウイルスが流行しているというニュースを見ながら「遠い国の出来事」だと気にも留めなかった。

「まさかそれが、世界中をパンデミックに陥れる新型コロナウイルスだったとは……。その時には ウイルスが日本に上陸しオリンピックを延期させるなど、当然のことながら予想できる者は誰一人いませんでした。それから8ヶ月ほどして、私は、株主還元実行のチャンスを奪われたばかりか、倒産という危機と格闘することになるのです」

家族との休日

2019年8月の左腕の大怪我と、2020年1月の新型コロナウイルスの上陸、そして、2023年まで続く経営再建の日々。松村の人生の中でも波乱に満ちた月日に突入する少し前、松村は近年にない長い休暇を取ることになった。

2019年のゴールデンウィークに、高知の家族とともに河口湖畔の別荘へ家族旅行を楽しんだのである。

「きっかけは甥の結婚でした。2019年2月に、姉・千晶の次男、仁平が結婚することになり、お嫁さんの親族と東京で顔合わせの食事会があったんです。その時、久しぶりに会った母・孝子と千晶と話したんですが、河口湖の別荘行きを思い立ち、招待するよ、と言いました。ずっと母と姉家族を河口湖の別荘へ連れていこうと思っていたんですが、なかなか実現できずにいました。なので、その場でゴールデンウィークにしようとスケジュールも決めたんです」

5月のその日、高知からやってきた孝子と千晶、千晶の夫・勝二は松村の妻の運転する車に出迎えられ、別荘へ向かった。河口湖の松村邸に到着した孝子は、開口一番こう言った。

「夢みたい。別荘ってこんなに大きいところなの?」

松村は大騒ぎする母にこう告げていた。

「お母さん、そんなに驚かないでよ。この辺にはもっと大きなお屋敷がたくさんあるよ」

松村の先導に続いた孝子と千晶は手を取り合って、玄関から廊下の奥へと進んでいった。

別荘は河口湖畔の閑静なエリアにある2階建てで、1階のリビングにはビリヤード台とダーツボード、カラオケもできる大型テレビがゆとりを持って配置されている。リビングに続くダイニングには大きな8人掛けのテーブルが中央に置かれ、アイランド式キッチンにはその奥に大型のワインセラーと業務用の大きな冷蔵庫が備えつけられていた。2階にはベッドルームが3つあり、湖に面した庭には、屋根付きのバーベキュー施設もある。

孝子は子どものようにはしゃぎながら家の中を歩いた。

「私は別荘ってどんなところか知らなかったけど、きっと山小屋のように小さい建物だと思っていたんです。それが、びっくりするほど豪華なお屋敷のようで、驚きました。お風呂もいっぺんに6~7人がゆったり入れるほど広くてね、毎日のお掃除が大変だと思いました」

千晶は、家族旅行のために全ての手配を整えてくれた弟の思いやりに繰り返し「ありがとう」と告げていた。

「母と私と夫、三男の練太は、厚久と奥さんの千春さんとこの別荘で4泊5日を過ごすことになりました。別荘に着いてみると、厚久が私たちを迎えるためにどれほどの準備をしてくれたかがわかりました。高知からの移動や毎日の食事まで、全て準備してくれたんです。昼間は近隣の林の中を散策し、湖畔をドライブしたり、厚久の知り合いの有名なレストランへ食べに行ったりしましたが、ほとんどの時間は家やその近くでくつろぎました。カラオケをしたり、夜はみんなでバーベキューをしたり、食べて話して笑い合った4泊5日でした」

孝子は息子を誇らしく思う気持ちでいっぱいになっていた。

「本当に楽しかったです。一生の思い出ですね。あんな大きな別荘を建てて、お父さんがおったら、どんなに喜んだだろうと思います。だから、天国のお父さんのところに行ったら、話すからと厚久に言ったんです」

千晶にとって何より嬉しかったのは、母が一日中笑顔でいることだった。

「別荘での時間は、母にとっては最高のプレゼントになりました。どこを見ても、何を聞いても、『お父さんに話さんとな』と言っていました。厚久のここまでの成功を知らずに亡くなった父のことを思って、『自分だけこんなに幸せな旅行を楽しんでいいのかな』と、繰り返していました。私と勝二さんも、大学進学で東京に出ていた三男の練太とこんなに一緒に過ごしたのは初めてですし、厚久のおかげで最高の休暇を過ごすことができました」

しかし、千晶には胸の痛むこともあった。

「厚久のパーキンソン病の症状が進んでいることはわかりました。気持ちも、考えることもしっかりしていますが、歩くこと、体を動かすことには、大きな不自由を感じているはずです。厚久と一緒に過ごすことで、改めて病気と闘っている厚久の大変さと頑張りを感じていました。母も、同じように感じていたと言っていました。『代われるものなら代わってあげたい』という気持ちは、この旅行を機に、より一層大きくなったのだと思います」

松村にとっても、やっと親孝行らしきことができた実りある時間だった。

「高知に帰っても、実家には数時間滞在して、空港へ向かうのが常でした。5日間も母と一緒にいたのは、高校生以来です。懐かしい母の笑顔を毎日見ることができて、お父さんの分まで長生きして100歳まで元気でいてくれよ、と思っていました」

松村は、家族旅行最後の日に「8月にはよさこい祭りで高知に行くから」と、母に再会を約束していた。しかし、その約束は8月7日の大怪我で果たすことができなかった。

松村を支えた見城徹の「松村愛」

左手に大怪我を負った松村を献身的に支えたのは、家族とDDの社員たち、そして友人たちだった。

松村は腕を固定するためにアームスリングと呼ばれる黒い三角巾に左腕を収め、緊急事態宣言やまん延防止等重点措置の合間に出かけては心配する仲間たちに顔を見せて歩いた。そして、リハビリの状況や腕の機能回復の状況などを報告して歩いたのである。

「切断せずに済んだ左腕ですが、当初は全く動きませんでした。筋肉も落ちてしまって棒切れのようになった腕を少しずつ上下に動かせるようにリハビリを続けて、1年後には腕を上に伸ばせるまでになっていました。完全な機能回復は難しいと言われながら、毎日怠らずリハビリを続けたら腕も太くなり、上下前後左右と怪我の前と同じように動かせるまでになったんです。当時、忙しい合間を縫ってDDの『桂浜』と『しの田』に来て、売り上げに貢献してくださっていた幻冬舎社長の見城さんが、私の腕が治っていく様子を見ながら『良かったな、松村。リハビリを続けて本当に偉いな、松村』と褒めてくださいました。そのことが嬉しくて、見城さんには誰よりも回復の様子をお伝えしていました」

松村の命が助かったことには胸を撫で下ろしたが、見城は松村の置かれている状況に胸を締めつけられていた。

「病が進行していく松村は、仕事も、仲間との付き合いも、決しておろそかにしませんでしたよ。2019年の8月に長い入院をして、ガリガリに痩せて、そこから復活するんです。長期のリハビリにも愚痴も言わず、サボりもしない。同じ経営者として、松村にはいつも前向きに生きることの素晴らしさを教えてもらっているんですよ」

見城は、病気とも怪我とも新型コロナウイルスによる経営危機とも戦っている松村にできることはないか、と常に考えていた。

「松村に希望を持って欲しいと願って、ある人との面談を思いついたんですよ。本当に戦うことが多い人生だが、その松村が未来を見据えて歩んでいくことができれば、僕だってこんなに嬉しいことはないですから」

見城が思いついたその人とは、京都大学iPS細胞研究所・未来生命科学開拓部門の所長・教授である山中伸弥だった。

2006年8月、京都大学の山中教授とその研究チームは、世界で初めてiPS細胞の作製に成功し、山中教授は2012年にノーベル生理学・医学賞を受賞した。

iPS細胞とは、皮膚などに分化した細胞にある遺伝子を組み込むことで、あらゆる生体組織に成長できる万能な細胞のことで、山中教授はその細胞を作ることに成功したのだ。

iPS細胞は、肉体のあらゆる部位の治療に用いることができる可能性があり、同時にパーキンソン病の治療にも効果があると考えられ研究が進められている。

見城は、2021年、緊急事態宣言が明けたタイミングでゴルフを一緒にラウンドしていた楽天グループの三木谷浩史社長に、こう頼んだのだ。

「DDホールディングスの松村を知っているだろう？　ぜひ、一度、松村をiPS細胞研究所の山中教授に紹介してやってくれないか」

三木谷社長は、iPS細胞研究の支援者であり山中教授の友人だった。見城の言葉を受けると、すぐにスマホを取り出し、山中教授に電話をかけてくれた。

「三木谷は、その場で山中先生に電話を入れ、紹介したい人がいる、と言って、山中先生を食事に誘ってくれたんです」

間もなく、その食事会は実現することになった。メンバーは、三木谷社長と山中教授、そして、松村の同行役は三木谷社長とも親しいネクシーズの近藤に頼んだのである。見城は、自分が食事会に参加すれば誰もが気を遣うことがわかっていたので、最初から行かないことを決めていた。

松村は、近藤からの電話に驚き、興奮を持ってその食事会に出向いた。

「近藤さんから三木谷さんと山中教授と食事しよう、と連絡が来て、私は飛び上がりました。いつか病院でiPS細胞の治療が受けられる日が来たら、私は真っ先に手を挙げてこの最先端医療で病気を治してもらいます。それが私の夢です。そのiPS細胞の生みの親である山中先生に会える日が来るなんて、思ってもいませんでした」

食事会は和やかに進んだ。もちろん、松村は治療を望んでいることなど一言も言わなかった。けれど近藤は、目の前の松村がiPS細胞でパーキンソン病が治療できる日を一途に待ち望んでいることが手に取るようにわかっていた。

「松ちゃんは、その食事会でも明るく、楽しそうでした。4人でよく笑いましたよ。見城さんがこの食事会をセットしてくれたことは、食事会の後に松ちゃんに伝えました」

松村は、すぐに見城に御礼の電話を入れたが、短い言葉でしか感謝を告げられなかった。見城は、「三木谷に紹介を頼んだだけだよ」と言って、その短い電話は切れた。

「見城さんがどんな思いで三木谷さんに山中先生の紹介を願い、近藤さんに同行を頼んだかと思うと、その優しさと思いやりに胸がいっぱいになりました。DDの経営も資金繰りも、そして私の体も心配してくださった見城さんは、他者を思いやる天才です。私も一歩でも見城さんに近づけるよう、人情の厚い者でありたいと思います」

松村にとってこの食事会は、若年性パーキンソン病の完治というゴールへの新たなスタートとなった。

「いつの日か、パーキンソン病が不治の病といわれた時代は終わりましたと、言いたい。私は必ず、その証明者になってみせます」

ゼットンの離脱

２０２０年1月から世界中をパンデミックに陥れた新型コロナウイルスにより、倒産の危機に瀕したＤＤホールディングスは、コストカットや減店などの事業再編と２０２１年1月のバンクミーティングによる融資の返済猶予で活路を見出し、倒産の危機を乗り越えた。

しかし、その後もコロナウイルスは変異を重ね、感染者の数は増え続けた。２０２２年1月からは、再びまん延防止等重点措置が適用されたのだ。

時短営業を余儀なくされ、忍耐の経営が続く中、松村は青天の霹靂《へきれき》ともいうべき事態に直面する。ゼットンのグループ離脱である。

２０２２年2月17日、アパレル大手の株式会社アダストリアが「ＤＤホールディングスの傘下にあるゼットンへのＴＯＢが成立した」と発表したのである。その4日後の2月21日、アダストリアが51・０％の株式を取得し、ゼットンは同社の連結子会社となったのだった。

１９９５年10月26日に稲本健一が創業したゼットンは、同年11月16日、名古屋市中区に第１号店「ZETTON」を開業し、以後、「一軒の飲食店が街を変えることができる」を信念に次々に新たな店を展開し、オリジナリティー溢れるカフェ文化を築いていた。ハワイアン・カフェダイニング「ALOHA TABLE」をはじめとして、個性的なダイニングは、リピートの顧客で埋め尽くされ、近年では、公園再生プロジェクトなど、飲食店運営の枠を超えた事業を展開している。

２０１６年、創業者の稲本から代表を引き継いだ鈴木伸典は、稲本の経営哲学を継承しながらさらなる進化を求めて経営を推し進めていた。「ゼットンの店で街づくりに貢献したい」と語る鈴木には「飲食店は、街と人、そしてそこに流れる時間とともにある」という強い理念があった。

そのゼットンも、コロナ禍で業績の悪化に苦しんでいた。そこで大株主であるＤＤホールディングスに資金援助を打診したが、当時はＤＤホールディングスにその資金はなかったため、鈴木は２０２０年10月に第三者割当増資を実施するのである。結果的にＤＤホールディングスの持分比率が低下し、連結の範囲から外れ持分法適用会社となったのだった。

ＴＯＢを実施したアダストリアは、２０２１年にゼットンが公園再生プロジェクトを成長戦略の柱に掲げ協力会社を模索していたところ、名乗りを上げた企業だった。

アダストリアがゼットンの株式を51％所有することになったことに、松村は衝撃を受けた。ゼットンの素晴らしい店舗とその実績、築いてきた文化は、ホールディングスとなったＤＤを支えるブランドになっていた。

ゼットンを傘下から失いたくないＤＤホールディングスは、ＴＯＢの阻止を考えたが当時は資金に余力がなく、叶わなかった。むしろ、ＴＯＢで得た資金を経営再建に回すことで松村は経営の健全化に力を尽くしたのである。

人生で一番の窮地にあった松村は、ＤＤホールディングスにとってゼットンが抜けたことは企業として大打撃であることを認めなければならなかった。そして、経営者としての気持ちとは別の感情が、その胸には込み上げていた。

石田克史との友情

松村が胸に刻んでいる言葉に次のようなものがある。

「友情は喜びを2倍にし、悲しみを半分にしてくれる」

これは18世紀に活躍したドイツの詩人、ヨーハン・クリストフ・フリードリヒ・フォン・シラーの言葉だ。ずっと以前にこの言葉を読んでいた本で知った松村は、自分の気持ちをそのまま文字にしてあると感じ、以後心に留め置いている。

事業の成功拡大とともに若年性パーキンソン病も進行してきた松村は、それでも病気をものともせずに仕事をし、日々、人と会っている。

「そんな中でまた一人、私が敬愛してやまない経営者に出会いました。ジャパンエレベーターサービスホールディングス株式会社代表取締役会長兼社長ＣＥＯの石田克史さんです。石田さんは一つ先輩ですからこんなことを言うのは失礼かもしれませんが、その笑顔と思いやりに触れていると、遠い昔から知っているような友情を感じてしまうんです」

松村を虜にした石田との出会いは、GMOインターネットグループ代表取締役会長兼社長の熊谷正寿の誕生日会だった。石田も松村との出会いを「衝撃だった」と語っている。

「2018年のことですが、その時初めて会って挨拶を交わしました。そんなに会話をしたわけでもなく、その姿に接していただけなのですが、彼の佇まいから感じるものがありました。いつも周りの状況を見ていて、周囲の人たちを気遣っていました。皆を盛り上げようと、動き回っていましたね。病気の中でこれだけのことをやっていることに感動しました。後日、西山さんの誕生日会は松ちゃんが段取りをして盛大に開催していることなどを聞いて、尊敬に値する人だということが十分にわかりました。その思いから、自分ができることなら、松ちゃんの役に立つことは、どんなことでもやりたいと思うようになったんです」

ジャパンエレベーターサービスホールディングス株式会社は、エレベーター等の保守・管理を行う独立系のメンテナンス会社としては日本で唯一の上場企業である。エレベーター業界で成功を収めた石田は、松村とビジネス上の繋がりこそないが、友人として松村を心から応援しようと決めたのだ。

「それはなぜなのかといえば、一言で答えが出ます。その生き方を尊敬しているからです。松ちゃんからも『何でそんなに優しくしてくれるんですか』と言われた時には直接伝えました。『松ちゃん、それは松ちゃんを尊敬しているからだよ』と。松ちゃんは少し照れて、瞳をキョロキョロ動かしていましたね」

松村は、石田から聞いたその来歴に大きく心を揺さぶられていた。石田は松村と同様、創業社長であり、現場からスタートを切った叩き上げだった。

「埼玉県の春日部共栄高校を卒業してから1年間、電気の専門学校へ通い、たまたま募集があったエレベーターの会社に就職したんです。今でもエレベーター検査の資格を持っていますので、部品を取り換えることもメンテナンスもできます」

日本のエレベーターは世界中で最も優秀だと石田は言う。

「ヨーロッパのエレベーターは故障率が15%であるのに対して、日本は1・4%。そもそも日本とは設計思想が違うのです。壊れると修理代金が入ってくるので、欧米はある程度の段階で壊れるものを作っている。ところが、日本人は絶対に壊れないものを作りたいという感覚があるので、根本が違います。車と同じですね」

1994年、28歳の時、千代田区岩本町で創業した。営業もメンテナンスもしていたので、寝る暇もなかった。会社に置いていたソファーで、よく寝落ちしていたと、当時を振り返る。

「そのソファーを買ったのは会社を創業した年で、御徒町にある多慶屋《たけや》というディスカウントストアでした。松ちゃんは上野に住んでいたので多慶屋の常連で、1号店の『VAMPIRE CAFE』は、多慶屋で一部のソファーを買っていたと聞いています。多慶屋で会っていたかもしれないですね」

苦しい時期をともに過ごしたソファーは、今でも埼玉県和光市のエレベーターパーツ・研修センターにある。「会社が大きくなって家具も入れ替えてきましたが、昔からいる社員が『このソファーだけは捨てないように』と言って倉庫の端に置いてあるんです。古い社員の中には同じようにソファーで寝泊まりしていた者もいましたから。松ちゃんも『100店舗100業態』を目指していた頃は、きっと会社に泊まり込んで寝る間を惜しみ、アイディアを実現していったのでしょう。その頃の松ちゃんと自分を、時々重ね合わせることがあります」

石田が会社を設立した理由は、安い部品で高額なメンテナンスをしている業界の実態を知り、純正部品を使って適正価格で正しいメンテナンスをやりたいからだった。そして、理由はもう一つあった。

「勤めていた会社の社長に馬鹿にされたから、ということも理由です。父はビルメンテナンス会社を創業していたため、幼い時から、『この会社を継ぐんだよ』と言われていました。私自身も父の会社を継ぐつもりだったんです。そのため、エレベーターメンテナンスを覚えた方がいいと思い、エレベーター会社に就職したのです。その会社のオーナーと父親は知り合いでした。ところが、私が勤め始めた途端に、父の会社が倒産しました。そのすぐ後に、社長が朝礼で、信じられないことを言ったんです。『石田君のお父さんの会社が倒産しました。倒産した理由は放漫経営で、毎日飲んでいてお金を好き放題使っていたからです。でも、うちは健全経営だから大丈夫です』と。私は唖然としました。父の会社が倒産した次の日でした。父から詳しい説明はありませんでしたが、放漫経営をしていたわけではありません。保証人になったことによる連鎖倒産でした。私も含めた何十人もの社員がいる前で嘘を言われた悔しさは、忘れることができませんでした。自分で会社を興して、この会社を抜いてやろう、という反骨心が芽生えたんです」

石田のこの体験を知った松村は、父親が負った巨額の借金の返済を迫られた時代を思い起こしていた。

「2000年に父親が脳梗塞で倒れて半身不随になり、働けなくなったその時から私が銀行の取り立てにあいました。父は、親族の借金の連帯保証人になり1億5千万円の借金を返すために無謀な事業拡大を続けて無理をして倒れたんです。あの借金返済の後始末の記憶は、起業する上での私の原点にもなっています。全くケースは違いますが、父親との関係や過去の出来事にも、石田さんとの共通点を感じていました」

松村は、石田の自伝『信念の経営』を読んで感銘を受け、その本を買っては友人や社員に手渡していた。

「ビジネスだけでなく人生のバイブルになる本です。私は、社長室のデスクの上に置いています」

石田は、エレベーターメンテナンス業界で世界一になることを目標に掲げている。そう声に出して言えるのは、松村の『熱狂宣言』を読んだからだと石田は話す。

「業界でトップになるということは非常に大変なことですが、目指した者にしか達成することができませんよね。それを松ちゃんが教えてくれました。松ちゃんが病を告知されたのは39歳、2006年ですよね。その翌年の2007年に大証ヘラクレスへ上場（当時）して、2014年に東証二部市場変更、2015年に東証一部に指定替えしています。進行性の難病、パーキンソン病であることがわかって上場したわけですね。自分の年齢と重ねて考えたら、本当に過酷だと感じます。私も東証一部上場を目指しましたから、上場するのがどれほど大変かわかります。健康な人でさえ考えられないほどの重圧に苛まれ大変なのに、松ちゃんは病気になりながらも、これだけの売り上げをあげて東証一部へ行った。経営者として真似ができません。尊敬しかありません」

石田の母は90歳を超えているが、末っ子で甘えん坊だった石田が未だに可愛くて仕方がない。今でもことあるごとに、

「かっちゃんは偉いね。会社が大きくなって偉いね」

と言って息子を褒めそやす。そのたびに石田は、松村のことを話している。

「お母さん、俺なんかよりもっと偉い奴がいるんだ。病気になっても勇気を持って大きな会社を経営し、チャレンジをし続けている。ダイヤモンドダイニングの松ちゃんっていうんだよ」

２０２０年から外食業界を襲ったコロナ禍を乗り越えた松村への尊敬は増すばかりだ。

「母親は高齢なので、昔のことは覚えていてもその時話したことは忘れてしまうのですが、松ちゃんの話だけは覚えています。松ちゃんは病気と闘いながら会社を大きくして、新型コロナウイルスが襲ってきても社員のために会社を存続させようと耐えて乗り切った。こんな人間は世界に一人しかいません。本当に偉い、羨望の一言です」

石田は、松村と同じように若年性パーキンソン病を松村が克服できると信じている。

「私は、松ちゃんの役に立つことはどんなことでもやりたいと思っています。パーキンソン病のiPS細胞の治療に関して、情報を集めました。三木谷さんの紹介で山中先生にも会えたそうで、良かったと思っています。松ちゃんであっても病気が怖い時があるでしょう。その時は、私には本音を吐いて欲しい。そして、必ずiPS治療が全てを変えます。iPS治療で松ちゃんの病気が治ったら、二人でどこかへ旅に出て、思いっきり騒ぎたいですね」

石田の瞳には、松村の輝かしい未来が見えている。

盟友たちの言葉

繰り返し襲いくるコロナの嵐。そこから松村が逃げ出さずに戦えたのは、盟友と呼ぶ人たちの支えがあったからだった。松村はその気持ちを今、こう表現する。

「幸いなことに、多くを語らなくても苦しみを分かち合える方々が私にはいました。私と同じように外食業界の代表を務める先輩や仲間とは、毎日のように声をかけ合い、知り得る情報を共有していました。何より、理不尽さに対する怒りを共有できたことが嬉しかった。自分の経営にミスや手抜かりがあったわけではない。唐突に中国から広まった感染症が、大切な会社を機能不全に陥れた。この悔しさは、当時、誰にも告げることはできなかったのですが、心から信頼し合える人たちとは語り合ったことがあります。影響が少なかった業種・業態もありましたが、外食業界は最も大きな傷を負いました。けれど、血を流し、命懸けでコロナと戦ったことは、私たちの絆を以前にも増して太く強いものにしてくれたと思います」

松村が「外食の神」としてその人格、見識、経験を尊び敬うダイニングイノベーショングループ・ファウンダーの西山知義は、松村のコロナとの激戦に心を寄せ、支えた人物だ。その西山は松村を思い、こうした言葉を発している。

「ダイニングイノベーショングループの各店舗でも、2020年3月以降はこれまでにない危機感を覚え、パンデミックに備えた経営体制をとることになりました。もちろん、松ちゃんとは随時連絡を取り合って互いを励まし合いましたよ。新型コロナウイルスの上陸以前、折りに触れDDホールディングスの未来の構想を伝え聞いていました。1000店舗1000億円という目に見える壮大な目標をぶち上げて士気を上げる姿は、松ちゃんらしいと思っていました し、DDが2020年に東京で開催されるオリンピック以降、飛躍することは確実だと思っていました。山手線の内側の地域により多くの店舗を配置し、インバウンドも見据えた業態、メニュー開発も万全だった。その先に向けて海外への夢を語っていましたから、私までその構想に心躍らせていたんです。100店舗100業態が、松ちゃんの時代の第一幕なら、2020年は松村厚久の時代第二幕の幕開けだと感じていたんです。しかし、新型のウイルスは私たち外食経営者にとってあまりに残酷な状況を突きつけました。中でも、このタイミングに合わせて一気に成長を遂げ、新規事業の展開に邁進するはずだったDDにとっては経営を揺るがす激震だったはずです。けれど、松ちゃんは、決して下を向きませんでした。緊急事態宣言から時短営業、アルコール提供の制限などの影響で売り上げが落ち込む中でも、『必ず業績回復をし、以前にも増して大きな目標を達成する』と言い放っていました。そうした魂の強さこそ、DDという企業の根幹です。彼を支える取締役、社員の皆さんは松ちゃんの言葉を現実にするために身を粉にして稼働した。どんなに苦しい状況になっても、誰も諦めなかった。このコロナ危機を乗り越えた松ちゃんとDDの辿った軌跡は、多くの外食業界の経営者の道標になると思います。

この壮絶な戦いの期間、私が心配でならなかったのは、体のことでした。若年性パーキンソン病と闘う松ちゃんが新型コロナウイルスに感染したらどうなるのか、そのことが気がかりでした。重症化するリスクがある松ちゃんには何度も感染に注意して欲しい、と伝えました。できるなら、外出も控えて欲しかった。しかし、明るく、どんな時にも『西山兄さん、大丈夫ですよ。闘争心のせいか、むしろ体の調子はいいんです』と、言っていました。実際、あの頃はそうとう無理をしていたのかもしれません。そんな強さに、私自身が凜とする強い心をもらっていました。

私は現在、西山塾という飲食店経営者に向けた勉強会を主宰しています。自分自身の経験に基づく開業・経営のノウハウを伝えるためのもので、塾生に話をさせていただいています。この塾を開催し、継続しようと思ったのも松ちゃんと出会い、たくさんの経営者仲間を紹介されたことがきっかけでした。彼と時間を過ごすようになる以前、独立独歩が信条だった私は、同業の経営者たちと知り合うことも話すこともあまりありませんでした。けれど話すようになって私の胸の内に変化が起こりました。彼が嬉しそうに話す『日本の外食業界の発展』こそが、私にとっても目指す世界だったと確信できたんです。私の経験を伝える機会である西山塾を最も喜んでくれたのも松ちゃんでした。この気づきを与えてくれた松ちゃんには、感謝しかありません。

自分だけでなく常に周囲を思う松村厚久は、平成から令和の外食業界のアイコンだと思います。病と闘っている彼は、同じ病気を治療する方々にとっても希望の光でしょう。そうした松ちゃんが率いるＤＤにしかできない飲食店、そして新規事業を華やかに鮮やかに成功させて欲しい。そのために私ができることがあれば、どんなことでも力になりたいと思っています」

経営者同士の関係において、真の友情など絵空事だと思う人は多いかもしれない。自社の成長を求め、そのために力を尽くしている者であれば、他の企業やその経営者を思い自分のことと同じように考えることなどあり得ないからだ。

しかし、松村には命ある限りその友情を信じることができる相手がいる。株式会社エー・ピーホールディングス代表取締役会長兼ファウンダー米山久がその人だ。

松村は若年性パーキンソン病を発症してから、長らくその事実を隠してきた。

「30代の半ばから47歳まで、およそ10年間、誰にも話さず生きていました。病気のことを知っていたのは、母親と姉と姉の夫だけで、ＤＤの社員にも外食業界の仲間にも、誰にも伝えませんでした。それはみんなに気を遣わせると思ったからです。また、治る見込みのない病気になったことで、可哀想とか気の毒とか、思われたくないという気持ちもありました。でも、それは杞憂だとわかる日がありました。私の病を告白した書籍『熱狂宣言』が出版されることになって、その前に一番親しい友人には話しておこうと思い、米ちゃん（米山久）に病気のことを告げたんです。２０１４年の夏でした。港区の店で食べて飲んで家に帰るタクシーの中です。体の動きや話し方など、もうすっかり症状が出ていましたから私が病気であることは米ちゃんもわかっていたはずですが、米ちゃんは病気のことについて何も言わなかった。知っているのに黙っていてくれた米ちゃんに『俺、若年性パーキンソン病なんだ。今の医療では治療法がない。もちろん、こんな病気に負けないけどね』と言ったら、米ちゃんは一言『ああ、そうですか』と答えただけでした。そして、その翌日からも、何も変わらない米ちゃんがいました。それからもずっと『松村さんがいない日本の外食業界なんて考えられないですよ』と私の仕事の意欲を後押ししてくれたんです。この仕事に出会い、好敵手でもあった米ちゃんの大きな友情が病気への不安や葛藤を忘れさせてくれました。西山さんや近藤さん、イナケン、安田さんもそうです。皆さんの親愛の情こそが、私が背負ったパーキンソン病という荷物を、半分の重さにしてくれています」

東京都八王子市で生まれた米山は会社員となった後、2001年にエー・ピーカンパニーを設立。居酒屋を出店すると、そこで出す料理のメニューのために畜産事業や漁業にも進出し、生産から店舗運営までを自社で行う飲食事業を展開、「生販直結」というビジネスモデルを確立し、業界の寵児となった。塚田農場、四十八漁場などのブランドで業績を伸ばし、2012年に東証マザーズ上場を成し遂げる。さらに2013年には東証一部へ市場変更、外食業界に変革をもたらした先駆者として若い経営者たちの大いなる目標となっている。

2020年の新型コロナウイルス感染症の世界的流行時には、松村同様に企業も営業する店舗も大打撃を受けたが、全社員一丸となって危機を乗り越え、現在は令和時代の日本の食を追求するべく、生産者・販売者・消費者のALL-WINの達成を目指しているのだ。

米山は、コロナ禍を振り返り、「松村社長と語り合い誓い合ったからこそ、思いもよらないパンデミックに立ち向かう強い精神を持つことができた」と言った。

松村とともに魂を重ね合わせて戦った日々を、米山は今誇りに思っている。

「会社存続のために多くの方々に助けていただきました。本音でその相談ができた相手が松村社長でした。何としても会社を存続させる、パンデミックが終わりを告げたら、店にまたたくさんのお客様を迎え、美味しい料理を食べていただく。松村さんとそうした未来を語り、お互いに苦しい日々を乗り越えていきました。窮地に追い込まれた当時、『コロナの脅威で会社を失っても、また必ずリ・スタートを切ることができるよ』と、声をかけられることがありました。もちろんそれは励ましの言葉の一つだったのですが、私も松村さんも、倒産だけはあってはならないと頑なに思っていたんです。私たちは、ベンチャー経営者ですよ。体一つで1店舗を立ち上げ、一つ一つ店を作ってきた自分にとってこの会社と店とそこで働く全ての社員は、命そのものですから。

本当に苦しい時、たった一度ですが、こう伝えたことがありました。『俺たち裸一貫から店を立ち上げた者の気持ちがわかってたまるか』と。松村さんは頷いて、『米ちゃん、俺も同じ気持ちだよ。どんなにボロボロになろうとこの戦いに負けるわけにはいかない。必ず以前のように店を開けてお客様に喜んでいただこう』と言いました。私は、その声を聞いてただ胸が熱くなりました。松村さんは、パンデミックだけでなく病とも闘い続けている。新しい治療法が見つかり完治する可能性を疑うことなく、前を見てこれから来る時代を思っている。松村さんは、経営と闘病を同じように考えているわけではありませんが、不撓不屈《ふとうふくつ》の意志とその姿は、私に物事を恐れない強い気持ちを持たせてくれたんです。コロナ禍の松村さんの鬼気迫る表情とくじけない心を、私はこの先もずっと心に抱き続けると思います。

同じマンションに住んでいた頃は、2人で朝方まで飲んで、同じタクシーで帰っていました。大ベテランの経営者とも若い社長とも垣根なく語り合い付き合う松村さんは、言うなれば外食業界の扇の要のような存在。松村さんが仲間の和を尊びともに楽しもうと声をかける前は、外食業界の経営者は火花が散るような関係でもありましたから。彼の偽りのない仲間意識は、外食業界の経営者たちに広がっていき、単に仲が良いだけでなく助け合う、また学び合う気持ちにも繋がっています。コロナ禍にあっても同業の仲間は互いを思いやることができましたが、それは松村さんが作った〝文化〟だと思います。体の具合によってはしんどい日もあるでしょうが、会えばそんな素振りは全く見せない。松村さんの強さと燃え盛る熱狂は、私にとっての人生のエールです。これからもすぐ横に松村さんを見ながら、この外食の世界を駆け抜けていきたいです」

松村が、そのダイナミズムに圧倒され続けている経営者が新田治郎だ。株式会社ジェイグループホールディングス代表取締役会長である新田は、ディスコの「黒服」としても松村の先輩であり、憧れだった。伝説のディスコ・マハラジャの店長としてその手腕を発揮し歴史的な動員数を誇った彼は、1990年、東海地区を統括する「名古屋レジャー開発株式会社」の社長に24歳で就任。時代の牽引者として脚光を浴びた新田は、30歳で独立しジェイグループを設立、2006年には株式上場を果たすのである。

外食業界の星である新田は、松村がその背中を常に追いかける人だ。新田も新型コロナウイルスによる危機にたぐいまれな経営手腕を発揮し、自社が持つ社会人野球チームの存続を断行するのである。新田は、野球チームの運営から手を引かないと宣言したその時、松村が誰よりも称賛の声を上げてくれたことが嬉しかった、と語る。

「私の会社の本社は愛知県名古屋市にあります。名古屋を中心に飲食事業、不動産事業、アウトドア・プール事業などいくつもの業態を持ち、経営しています。主力は居酒屋・レストランを中心とした飲食事業です。ですから新型コロナウイルス感染症の流行では、松ちゃん、米ちゃんと同様に大きな影響を受けました。コロナの影響は店舗だけでなく、私たちが運営する社会人野球チーム、ジェイプロジェクト硬式野球部の存続にも赤信号を灯したんです。

『企業スポーツは心の社旗』だという理念のもと野球部を作った私は、部員とチームが他の社員にもたらす力を信じており、廃部はしてはならない、と心に決めていました。

どうしてジェイグループが野球部を持つことになったのか。その発端は、リーマン・ショックです。リーマン・ショックがもたらした不景気が大手企業の名門野球部を次々に休部、廃部に追い込んでいました。企業スポーツにとっては本当に厳しい冬の時代が訪れたのです。私はスポーツが大好きで、スポーツが人に与える力を信じ尊敬しています。当時、アメリカで起こったサブプライムローンを発端とした経済危機の煽りを受けて活躍の場を失っていく選手たちの姿に心を痛めていました。もともと、いつかは企業スポーツに名乗りを上げたいと考えていたので、こうした機会にこそ行動を起こそうと決意したんです。リーマン・ショックの影響が色濃く残っている2009年、元プロ野球中日ドラゴンズの投手、辻本弘樹さんを監督に迎え、大学野球経験者にも声をかけ、28人の選手によるチームを結成しました。社内には『何もこんな時期に』『もう少し経済が戻ってから』と野球部設立の延期を要請する声も上がりましたが、私は周囲をこう説得しました。選手たちの頑張りは、会社に必ず良い影響を与えてくれるはずだ、と。

こうしてスタートを切ったジェイプロジェクト硬式野球部員には、他チームからの移籍組は一人もいません。選手全員がジェイグループの社員で、通常は居酒屋や飲食店で働いています。多くの企業の野球部員が野球だけを仕事として過ごす中、当社の社員たちは午前中に練習をして夜は本業として店舗に出勤するという忙しいスケジュールに励んでいます。

そんな姿を間近で見る社員たちは、心から選手を応援することで一つになり、その応援に感謝する選手もまた、店舗に貢献しようと懸命に働いてくれるんです。だからこそ、社員の結束力は強くなります。

ですから、私は、新型コロナウイルス感染拡大の影響を受けても野球部の存続を宣言しました。絶対に廃部にはしない、と。すると、松ちゃんが『治郎さん、本当に素晴らしい。応援しています！』と、真っ先に声を上げてくれたのです。スポーツや文化・芸術など二の次という空気があった当時ですから、その言葉がどれほど嬉しかったか。松ちゃんや外食業界の仲間の応援を背に、私たちの野球部は夢を叶えることができました。２０２０年10月３日、岡崎市民球場で行われた第91回都市対抗野球大会東海地区２次予選第5代表決定戦で三菱自動車岡崎を下し、８年ぶり２度目となる本大会出場を決めたんです。パンデミックの脅威の中、都市対抗本戦に出場できたことは私たちの誇りです。その報告をすると、松ちゃんは自分のことのように喜んでくれました。仲間の声援ほど心強いものはないと改めて知った瞬間でもありました。

松ちゃんは、どんな時にも私や仲間への気遣い、思いやりを忘れません。誕生日や新店舗の開店など、心を配り必ず連絡をくれます。年は私が一つ上ですが、同志としての思いは出会った当時からこれまで変わりません。さらに、コロナ禍という戦場でともに戦った者としての絆は、一生失うことはないと思います。松ちゃんが、宴席のステージに立って仲間を笑わせ、そのパフォーマンスで驚かせる機会が増えることを願っています。そして、どんな困難にも屈せず意志を貫く松ちゃんが、病に打ち勝つ日を仲間の全員が信じて待っているんですよ」

松村に寄り添う者の回想

松村の傍にはいつもＤＤの社員たちがいる。松村にとっては、社員とその家族を幸福にすることが人生の大きな目標であり、生きていくことの強いモチベーションだ。

「私に宝があるとすればそれは社員たちです。創業して行く末がわからない頃から支えてくれている者もいますし、若年性パーキンソン病を発症したことを公表した後に入社してくれた者もいます。言うなれば、社員のみんなはＤＤという船を選び乗り込んでくれたわけです。晴天の日はもちろん、嵐に遭っても私という船長を信じ、航海を続けてくれます。社員の思いこそが、私が船から降りない理由です」

ＤＤで最も長く松村に寄り添い、外食業界での松村の航海のほぼ全てを見ているのが秘書の重田委久子だった。

「私は松村社長の店作りと、病気の進行を一番近くで見た社員だと思います。私が入社した頃の社長は、本当に元気で店作りも全て自分で行い、朝から晩まで飛び回っていました」

重田が入社したのは２００３年の11月。２００１年に初めての飲食店「VAMPIRE CAFE」をオープンした松村は、２００３年の6月、8月、9月と続け様に3店舗をオープンし、そろそろ本格的に事務所を構えようとしていたタイミングだった。松村が、パーキンソン病の初期症状すら自覚していない頃である。

「私は入社から2021年まで広報を担当していました。もともとは銀行員で窓口業務を行っていたんです」

アフターファイブに飲食店に行くのが好きで、通っているうちに自分でも店を作りたいと思うようになったことが、DDへの転職へと繋がっていく。

「銀行に勤めながら夜間のデザイン学校で学び、カリキュラムが修了した3年後に退職しました。店舗のデザインを自社で行う外食企業に、自分の作品を持って採用を願い出ました。アプローチしたところ、広報なら採用すると言われたんです。既存の店舗を内装リニューアルする際には、社内プレゼンがあると聞き、店作りに携わるチャンスがあると思い入社しました」

転職した会社のデザイン・グラフィックチームは、初期のダイヤモンドダイニングの店舗デザインを手がけており、「迷宮の国のアリス」など2003年にオープンした店舗デザインを請け負っていたが、当時現場で陣頭指揮をとっていた松村に、重田が会うことはなかった。

「私は現場の仕事をすることができなかったからです。親の反対を押し切って銀行から転職したものの、店を作りたいという夢は一向に実現していませんでした。2年の間、プレゼンの機会は何回かあったけれど、予算がないと却下されたし、社長は未だに私の名前を覚えてもいない。もう辞めてしまおうか、と考えていた私の前に現れたのが松村社長でした。その会社には、松村社長とプライベートで親しいチームメンバーがいて、松村社長との食事会をセッティングしてくれたのです。その時松村社長は、初対面の私に『ダイヤモンドダイニングに来ませんか。

なんでも好きなことをやってください』と言ってくれました。若くして起業した社長なのに高圧的な態度は一切なく、好印象を持ちました。しかも好きなことをやってもいいと言うんです。私は松村社長の人間性を信じてみようと思いました。今度こそ自分のデザインしたお店を作れるかもしれない、と胸を膨らませていました」

こうして重田はダイヤモンドダイニングに入社を決めた。だが、入社してみると自分以外の社員は誰もいなかった。事務所では松村と二人きり。店作りどころか、何から何までやることになった。

「経理以外の事務関係はなんでもやることになった私は『ああ、松村社長に騙された』と思っていました」

2001年に1店舗、2003年に3店舗を開店した松村は、2004年になってもその勢いを止めなかった。2月に赤坂「黒提灯」、7月に銀座「竹取百物語」、9月に五反田「黒提灯」、10月に渋谷「三年ぶた蔵」ととんでもない勢いで店舗を増やしていった。

松村は、銀座にオープンさせた「竹取百物語」の店作りを重田に託した。

「ついに夢が叶ったんです。和風ダイニング『竹取百物語』は繁盛店になって、達成感もありました。結婚を考えていた時期でそろそろ退職をと思っていたのですが、この頃、大阪証券取引所ヘラクレス市場に上場する話が出ていたので、上場までは松村社長を支えようと思い直しました」

上場を視野に入れた松村は、店舗数を倍々に増やしていく。重田も店作りの仕事に没頭していかざるを得なかった。

「お店作りは本当にやりがいがありました。でも、年に8店舗のオープンになると、時間が足りない。『もう無理です、間に合いません』と、松村社長に直訴していました。でも、その頃から社長の様子が気になりだしたんです。いつも腰や肩が痛いと言ってマッサージばかり受けている。見ると、足を引きずって歩くようになっていました」

重田は、徐々に松村の体が変化していくのを感じ取っていた。「足を引きずって不自然に歩いている姿を見て痛風ではないですか、と聞いたことがありました。でも、本人は、返事をしません。休んでください、と言ったら『シゲちゃん、休んだら、俺、死ぬよ』と、言い返されました。今思えば、松村社長は、自分の体に起こっている異変から、時間がないと感じていたのかもしれません」

当時の重田は広報・販促全般、求人募集まで業務をこなしていたが、到底間に合わなくなり広い事務所を借り、広報や販促を担当する人を雇用していった。さらに、上場準備のために2005年には斉藤征晃と、松村と二人三脚で「100店舗100業態」を達成する河内哲也が入社する。

松村の事業が大きく動き出した2006年、夏に高知へ帰省した松村は、姉・千晶の強い勧めで父親が入院していた国立病院へ検査に出かけ、そこで若年性パーキンソン病であることを医師から告げられるのである。

その頃になると、松村は歩き方に異変がみられるだけでなく体が揺れたり首が動いたりするようになっていた。重田はやはり何か重い病気なのではないかと感じて、何度も「大丈夫ですか」と聞いていた。

「この頃の松村社長には鬼気迫るものがありました。100の違う店を作るという前人未到のチャレンジに邁進していたからです。覇気に溢れ、いっときも休む気配がありませんでした。事務所に戻ると辛そうにしていたので、体は大丈夫ですかと聞くのですが、やはり本人は何も言わない。何を言っても黙っているので、体のことには触れられなくなりました。これは社長の本『熱狂宣言』を読んで知ったことですが、医師からは5年は薬で進行を遅らせることができると伝えられていた、とありました。病気の症状が進行するまでに事業を大きくし上場しようと必死だったのだと思います」

2007年にヘラクレス上場、2010年には「100店舗100業態」を達成した松村は、「外食業界の革命児」「フード業界のファンタジスタ」と呼ばれるまでになっていた。

2010年11月「100店舗100業態」を達成した約5ヶ月後の2011年3月11日、東日本大震災が起こる。

震度6の揺れに、当時東新橋にあったオフィスビルも大きく揺れた。重田は40万円のパソコンを抱えて外に逃げた。

「帰り道、銀座の看板の電気が全て消えて真っ暗な中をみんな歩いて帰宅するという光景は非常に不思議で、このまま世の中が終わってしまうのかと怖くなりました。当時はバグースを買収する話があったのですが、この地震でM&Aがなくなってしまうかもしれないと思いました。しかし、松村社長は事業を何一つ止めなかったんです。だから私も販促やPRなど、とても忙しかったのです。松村社長はバグースのことを進めながら、この危機を乗り越えようと外食業界の仲間にも声をかけたり、義援金募金を始めたりしたんです。松村社長はダイヤモンドダイニングだけではない、業界のリーダーなのだと社員たちは心を強くしていました」

この頃、病の告知から5年を過ぎた松村は、進行を遅らせる薬の効果が薄れているのを自覚していた。頭はクリアでしっかりしていたが、いつも少し体が揺れている感じで、震えも出ていた。重田も他の社員も、松村の体調を思いながら仕事をするようになっていた。

「体が動くので、周囲からは酔っ払っていると言われたこともありました。面と向かって『お酒が入っているんですか』と、聞かれることもありました。その苦しさを隠しながら、100店舗100業態という外食業界においての金字塔を立て、2015年には東証一部上場を果たします。まるで病気の進行と競争しているような命懸けの仕事で、松村社長は誰にもできないことをやり遂げました」

ＤＤホールディングスのマーケティング本部で広報を担当していた重田が秘書となったのは、新型コロナウイルスの影響だった。

「コロナ禍でホールディングスの機能を縮小しようということになり、マーケティング本部が廃止され、私は行き場がなくなりました。そこに松村社長が手を差し伸べてくれたんです。初めは秘書ではなく社長付きの広報だったのですが、２０２１年12月に前の秘書が退職し正式に秘書に就任しました。結婚して産休も取って、今こうして松村社長の秘書になったことは最古参の社員である私の務めだと思っています」

松村の秘書は、世間一般でいうところの秘書業務をすればいいわけではない。「松村社長の秘書であれば、その仕事には社長が一人ではできない私生活の手伝いも含まれます。体調を見てスケジュールを組み、言葉が不明瞭な時には通訳もする。時には身繕いをしたり食べこぼしを拭いたりすることもあります。それこそが私の役目だと、思っています。ビジネスでもプライベートでも戦い抜く松村社長の元で働くことが、20年前に声をかけてもらって、お世話になった私ができる恩返しです。コロナ禍で離れていった人もたくさんいます。外食が好きだけではやっていけない、大変なことがたくさんありましたから。私だって、コロナによって変わった会社に満足しているわけじゃない。でも、松村社長がいるから働き続けています。私がするべきことは、松村社長に寄り添って、支えて、ともに走っていくこと。その気持ちは変わりません。社長からいらないと言われるまではお手伝いしたいと思っています」

重田とともに、先頭を走る松村の背を一身に見つめ続けた社員がいる。女性社員では重田に続く勤続年数を持つ土田鮎子だ。２００４年11月、企画・広報部に入社した土田は、２０１３年、斉藤征晃と結婚したが、その後も社を離れることなく松村の店作りの片腕として勤務を続けている。

コロナ禍で店舗や人員の削減が行われた時にも、土田には退職の意思は微塵もなかった。

「パンデミックの際の松村社長の苦しみの表情を忘れられません。あれほど憔悴なさった社長の姿を、これまで見たことがありませんでした。けれど間もなく強い気持ちを取り戻され、『絶対に負けない、必ずＤＤを復活させる』とおっしゃった松村社長こそが、真の社長だと私は知っていました。倒産の危機に遭っても下を向かず、決して前進を諦めなかった松村社長は、困難を乗り越えながら店を1店舗1店舗作り上げていったダイヤモンドダイニング時代の姿、そのままでした」

土田が飲食の世界の仕事を学んだ上司の河内が、部署の消滅により退職したことの寂しさはあったが、その河内からも土田は強いメッセージを受け取っていた。

「集金のために店舗を回り、時には店に出て皿を洗ったり、料理を運んだりしている社長を知っている社員は、私を含めてもほんのわずかしかいません。河内さんから『ダイヤモンドダイニングの魂を知っている社員こそが、今の会社には必要なんだよ』と言ってもらえて、覚悟はより確かなものになりました」

倒産の危機の最中も、復活の兆しが見えてきた時期も、そしてコロナ禍を過去として語ることができる現在も、土田は社員の先頭に立つ松村の背から目を離したことがない。

「松村社長の行動や言葉はいつも社員を励まし、未来へと導いてくれるんです。その器の大きさにも心から尊敬の念を抱いています。私も、古参の社員になりましたが、私自身は一人の社員としてまだ成長したいと願う心を持っています。そして、その成長の過程で、社長に献身することができれば、と強く思うんです。松村社長のような偉大な存在の傍にいることで、私もまた自分の限界を超えることができるだろうと信じられるのです」

２０２３年に出産し母になった土田は、産休を取りながら復帰の日を心待ちにしている。

「もちろん職場に戻ります。社長は、目一杯産休を取ればいいよ、子どもを背負って出社してもいいよ、と言ってくれます。女性たちが心置きなく活躍できる職場を作ることがこれからの目標だ、と語る松村社長の〝証明〟となれるよう、子育てをしながらＤＤグループで働き続けたいと思っています」

「ＤＤグループコンベンション２０２３」開催

２０２３年1月。新型コロナウイルスパンデミックの発生から3回目の年始を迎えた日本国内には、ようやく明るい兆しが見えていた。行動制限のない年末年始は3年ぶりということもあり、コロナ禍前には及ばないものの、巷には活気や賑わいが戻りつつあった。誰もが日常を取り戻す新年への希望を胸に抱いていたのである。

２０２３年1月27日に新型コロナウイルス感染症の位置づけを2類から5類に引き下げる方針が固められ、移行日は5月8日と決定された。劇場やスポーツ観戦やコンサート、イベントにおいて収容定員の50％までとされていた人数制限は、先行して1月27日に撤廃された。

新型コロナウイルスによってダメージを受けた業界に、希望の光が差し込んでいた。松村はこの発表を受け、事業計画を広く伝えるコンベンションの開催を決意したのだった。

２０２３年4月24日「ＤＤグループコンベンション２０２３」が文京シビックホールで開催された。２０２０年から新型コロナウイルスの影響で開催を中止したため、実に4年ぶりである。

２０１７年9月に持株会社化し、株式会社ＤＤホールディングスとした商標を２０２３年6月付けで「ＤＤグループ」に改めることになり、そのお披露目も兼ねていた。

会場の大ホール１８００ほどの客席は、取引先や社員で埋め尽くされた。司会を務めたのは、松村の友人であるマイケル富岡とＤＤのサービス教育の責任者である笠松美樹子。２人の開会宣言によりスタートしたコンベンションは、ＤＤの新入社員の紹介から始まった。フレッシュな新しい社員の姿を見ることは、松村にとってこれ以上ない喜びだ。

「コロナ禍でも毎年新人を採用してきたんです。就活生たちも本当に必死だったと思います。その中でよくうちを選んでくれました。２０２０年は２１１人、２０２１年は91人、２０２２年は90人、そして、２０２３年の新卒社員は総勢１２２人となり、外国籍の社員も19人いました」

続けてグループの中期ビジョンが発表される。

「経営理念は『お客様歓喜』、中期経営計画テーマは『原点超越』、経営ビジョンは『ブランドカンパニー』、そして、全てのステークホルダーに対して『熱狂的な歓喜を呼び起こす！』ことを約束する宣言をしたんです」

松村は「何がなんでも生き残る」というメッセージを力強く告げ、復活の狼煙を上げた。

「コロナ禍という地獄を味わってわかったことは、格好つけていても始まらないということです。地を這ってでも生き残ろうとする意志だけが雌雄を分けた。何がなんでも生き残る。この言葉は、常に私の胸にあり、自らの戒めや励ましにしています」

このコンベンションのプレゼンテーション資料を作ったのが河内である。コロナ禍で自身が室長を務めていたブランドデザイン室が廃止されることになりＤＤを退職した河内は、舞台の袖から満席になった客席を目の当たりにして、胸に熱いものが込み上げていた。

河内はこのプレゼン資料を作りながら松村との時間を振り返っていた。

2005年10月に入社した河内は松村が目指した「100店舗100業態」達成のために力を尽くし奔走した。その仕事ぶりに「ダイヤモンドダイニングに入るために生まれてきた男」との異名を持つことになる。

河内は、入社時に内部監査役室長の役職に就いた。そして、松村と共に店舗のコンセプトメークや開発、社内外の出店促進や各種イベント業務のプランニングなどを行い、DDではインハウスとして特異なマルチクリエーターである。まさに店舗開拓、開業における心臓のような役割だ。ところが、新型コロナウイルスにより、その仕事は休止せざるを得なくなったのだ。

「新規事業は一旦、全て休止になりました。既存店も時短営業や休業を要請され、会社は経営危機にさえ追い込まれていった。当時の私には、自分が社員でいても松村社長のために何もできないことが辛すぎました。一生、松村に仕えようと思っていましたが、時代がそれを許しませんでした」

退社後はコンサルタントとしてDDと契約し、松村との濃密な対話は続いている。この先は、社外から360度の視界を持ってDDを支えるのが河内の役目だ。

「コンベンションでは松村社長の力強い宣言を聞いて、DD復活を確信しました。松村社長は全身経営者です。細胞レベルで外食を愛し、成功を求める生命力がある。1000店舗1000億円という目標にとどまらず、令和の外食にまた新たな革命を起こしてくれるはずです。私は変わらず、その手伝いができればと願っています」

コロナ後の「新しい日常」

2024年を迎え、新型コロナウイルスにより引き起こされたパンデミックは過去の出来事になっていた。人々は街に出て食事を楽しんだ。訪日外国人観光客は2023年には年間で2500万人を突破し、円安も手伝って、その数を伸ばし続けている。

松村が最後に交渉に乗り出し40億円で買収した湘南レーベルのホテルの売り上げが絶好調で、買収から4年を経て、試算した利益を上回る勢いだ。松村が自ら解説する。

「実は、湘南レーベルはコロナ禍において、DDホールディングスの救世主にもなっていました。新型コロナウイルス感染症は指定感染症ですから、無症状でも入院が原則となります。そのため陽性と診断された場合には、入院を余儀なくされるのですが、2020年当時は、患者急増により感染症病床が満床で医療崩壊が懸念されていました。そこで厚生労働省は2020年4月2日、各都道府県に無症状や軽症の患者に対しては宿泊や自宅での療養とするように通知し、自治体の判断で必要となる宿泊施設の確保を要請したのです。そして、私たちの湘南レーベルの『パークインホテル厚木』が、神奈川県のコロナ療養施設として指定されました」

部屋数250のパークインホテル厚木を神奈川県にコロナ患者収容施設として貸し出すことによって2020年、2021年と稼働率は100%になり、経常利益も黒字になっていた。

「利益に繋がったことはもちろんですが、コロナ医療に貢献できたことが何より良かったと思っています」

そして、2020年に新規オープンした2つのホテルが都市型リゾートの拠点となり話題を呼んだのだ。

「2020年7月17日に茅ヶ崎の『8HOTEL CHIGASAKI』を、11月13日には鎌倉の『KAMAKURA HOTEL』を新規オープンしました。『8HOTEL CHIGASAKI』はアメリカンタイプの華やかなホテルでプールと大型サウナがあり、いつも満室状態でした。『KAMAKURA HOTEL』は純和風スタイルの内装で、リラックスタイムを満喫できるよう予約できるプライベートサウナと畳敷の部屋を作りました。コロナ禍で遠出ができない中、湘南エリアで非日常を満喫できるホテルとして、そして5類に推移した後はインバウンドのお客様が目指すホテルとして、満室の日々が続いています」

湘南レーベルはDDのM&Aでは最も高額な買い物だった。だが、松村の英断とたぐいまれな交渉力が、コロナ後の事業を押し上げている。出口の見えないコロナ禍ではあったが、東日本大震災で学んだ教訓を生かし、異業種への事業拡大を実現した松村の「M&Aはスピードと補完だ」というビジネスセンスと先見の明が、見事に功を奏したのである。

松村の経営と事業を長年取材する日本外食新聞編集長の川端崇資は、DDの魅力をこう語った。

「DDの株主の方々は、足長おじさんのような存在が多いのではないでしょうか。ただ儲けたくて株を買うならば、そうした会社はたくさんあります。そうではなくて、『一緒に会社を育て、その成長を見守っていきたい』という人に株を持ってもらえたら、経営者としてはこれほど幸福なことはありません。単に成長戦略だけを追いかけていったら、飲食企業はつまらない会社になってしまう。長い目で見て、食を通じて世の中を豊かにするような企業の株主になるという感覚でいてもらわないと、日本の外食文化は必ず尻窄《しりすぼ》みになってしまう。DDには、松村さんの天才的な店作りと料理、明るく手厚いサービスに期待しているのだと思います。そして、外食と併せたホテル観光事業への投資にも抜群のセンスが示されました。完全にコロナ危機が収束した今後こそ、さらに注目が集まるのだと思います」

2020年、DDの巨額の借り入れが報じられ、倒産の危機が囁かれた過去を振り返り、川端はジャーナリストとしての視点で語る。

「DDホールディングスの場合は、放漫経営で業績が悪化したわけではありません。アクセルを目一杯踏んで投資をし、一等立地に店舗を集中させて爆発的な成長を目指していたその時に、天災に遭ったようなものです。それまでの実績でM&Aに強いという評価によって株価が上がっていましたが、コロナ禍によって立地、業態、M&A戦略など全てが裏目に出てしまいました。パンデミックによる緊急事態宣言で、局面が一気に変わりオセロのように駒が白から黒に変わってしまったのです。その後のDDは踏んでいたアクセルを離している状態でした。松村さんは、アクセルを踏み続けてもエンジンが使えないことを知っていたからでしょう。今は、完全にオーバーホールされてパワーアップしたエンジンと燃料を満タンにした車体が揃いました。松村さんの逆襲が、楽しみでなりませんね」

松村は今、気力が漲っていることを感じている。

「何があっても揺るぎない強固な経営、そして味と店の雰囲気、素晴らしい店作りでお客様を楽しませたいという熱い思いを、全社員が共有しています。私は、幾度となく社員たちにこう語りかけています。『自分が暗闇の中にいると感じたら静かに手を伸ばしてください。必ずすぐ傍に仲間がいます。そして、手を携えたなら、恐れることなく一歩を踏み出しましょう。やがて必ず光が見えてきます。これからも光に向かってともに歩んでいきましょう！　熱狂宣言！』と。私の声に社員の輝く表情が、現在の私の一番の活力です」

ウィズコロナからアフターコロナへ。新しい日常が始まった今、松村は、若年性パーキンソン病に体の自由を奪われようとも、心を縛る絶望に抗うことを止めはしない。もがいてもなお、仕事を続けるための「生」を獲得することを諦めることはないのである。

終章

不死鳥の熱狂宣言

「Are you ready!?」

その声は突き抜けるような勢いで空に届き、人々の心を震わせた。

「Are you ready!?」

マイクを握り、そう言って踊り子たちにスタートの瞬間を伝えるマイケル富岡は、地方車の上に立つ松村を見て両の瞳に溢れる涙を左手の指先で静かに拭った。

「DDよさこいチーム!!　高知、大好き!!」

マイケル富岡からマイクを渡された松村は、ありったけの力でそう叫んだ。華やかな音楽と地面を揺らすような太鼓のリズムがすぐに耳に届く。

「L！　O！　V！　E！　よさこいDD」

その歌声とともに整列していた踊り子たちが一斉に動き出す。隊列を率いるDDよさこいチームのリーダー及川文香と目が合った松村は、掠れる声でこう呟いていた。

「思いっきり、踊れ！　弾けろ！　もう俺たちを封じ込める時間は、終わったんだ」

台風の過ぎ去った空はまだ黒い雲を残していたが、その切れ間から降り注ぐ太陽光線が踊り子たちの顔を照らし、輝かせている。

「祭りの開催日、高知には台風が訪れる予報でした。でも、私は開催を確信していました。4年ぶりの祭りを待っている者たちのエネルギーが嵐など吹き飛ばすと信じられたんです」

この日をどんなに待っていたことか。DDよさこいチームとして高知に戻りよさこい祭りで踊ることが、倒産の危機と戦った松村の希望になっていたのだ。

松村はその気持ちを強い言葉にして、周囲に伝えていた。

「まだ早い、もう一年待ってもいいのでは、という声もありました。でも、私は待てなかった。DDグループの新たなる旅の始まりの式典として、どうしてもよさこい祭りの当事者になりたかったのです」

2023年8月9日、松村ははやる心を抑えて羽田空港から高知龍馬空港へ向かっていた。新型コロナウイルスの感染拡大によって休止されていた「よさこい祭り」が4年ぶりに開催される。その前夜祭に参加するためだ。

南国土佐の一大カーニバルである「よさこい祭り」は、街にも人々の心にも、第二次世界大戦の傷跡が残る1954年(昭和29年)にスタートした。松村は、よさこいのことが話題になると、途端に饒舌になる。

「始まったばかりの頃は8月10日・11日の2日間だけの開催だったんですよ。でも、現在は4

日間行われます。1991年から前夜祭が、1995年から後夜祭が開催されるようになりました。前夜祭では前年の受賞チームが、後夜祭ではその年の受賞チームがステージに上がって踊りを披露します。このよさこい祭りは、日程や形を変えながらも、開始から1度も中止されることはなかったんですよ。ところが、新型コロナウイルス感染拡大の影響で2020年に初の中止に追い込まれてしまいました。灼熱の夏祭りは、土佐人の魂が込められている。つまり、今年は4年ぶりに土佐の魂の祭りが復活するんです」

しかも、第70回という記念すべき開催ということもあり、松村はじっとしていられなかった。松村が率いる「DDよさこいチーム」は2014年の第61回大会から参加しており、結成10年となる。松村の踊り子チームへの愛情は、全身から溢れ返るほどだ。

「2023年で7回目の参加になる『DDよさこいチーム』のメインテーマは、『高知LOVE！』です。美術監修は現代アーティストとして世界で活躍する増田セバスチャンさんです。オリジナルの音楽のプロデュースはRAM RIDERさん。振り付けは、中村信幸さんにお願いしました。伝統を重んじながらも、毎年華やかで新たな演出を加え、さまざまなアプローチで、高知への愛情を表現しています。踊り子チームは東京から参加するDDグループの社員と、地元高知から応募し参加してくれる踊り子で編成しています。今年は高知からの踊り子の応募も多く、チームの最大人数の150人に迫るまでになりました。私たちの役割は、よさこい祭りに参加することだけではなく、世界中に広めることなんですよ」

よさこい祭振興会が祭りを4年ぶりに通常開催すると正式に決定したのは、２０２３年４月10日のことだった。参加申し込みの締め切りは１ヶ月後の５月10日だ。コロナによるダメージを回復するために日夜走り続ける松村が、よさこい祭りへの参加を決めたのは締め切り直前だった。

「もう1年待って参加すれば、準備までの時間をたっぷり取れます。でも、やっぱり1年待つなんて無理なことでした。よさこいチームが熱狂と感動をよさこい祭りで体現することで、我が社がコロナ戦争を戦い抜いて勝利したことを証明したかった」

高知に戻ってきた「ＤＤよさこいチーム」のコンセプトは多様性の象徴「レインボー（虹）」だ。革新と伝統でよさこい祭りへの愛を表現し、虹色の地方車と衣装で高知への愛を世界に向けて叫ぶのだ。

「1分、１秒でも早く本祭を待っている踊り子たちに会って、激励の言葉をかけたいと思っていました」

ところが、沖縄や西日本に大きな影響をもたらした台風６号により乗るはずだった飛行機が欠航になった。

「高知の人間は、台風に慣れています。進路を見ると、もう少しで朝鮮半島の方へ抜けることがわかったので、まず松山空港へ向かい、そこから車で３時間かけて高知に入りました。遠回りをして高知に向かっていると、その道中でよさこい祭りに参加を決めた頃のこと、初めて参加した日のことなどが鮮明に思い出されたんです」

松村がＤＤよさこいチームのスタートを振り返る。

「初出場が実現するまでにはドラマがありました。初参加の前年の２０１３年、私がよさこい祭りへの参加を表明した時、高知で会社を経営する中学校の先輩、宮本正司さんに『松ちゃん、今からでも考え直せ』と反対されたんです」

宮本は松村にとって、知り合って45年になる旧友で、地元で最も信頼を寄せる人物だ。よさこい祭りにも参加を続け、松村は宮本にＤＤチームの運営を託そうと頭を下げた。その人から面と向かって「よさこい祭りへの参加はやめとけ!!」と言われたのだ。

宮本は、地元企業ではないＤＤとパーキンソン病を患い闘病を続ける松村を思い、他の誰にもできない助言をしたのだった。

「地元チームでも衣装や振り付けなどのチーム作りが大変です。1年かけて作り上げる大イベントです。それを新規に、しかも東京から参加するなんて。労力や経費を考えると並大抵のことじゃないことは明白です。東京で起業して上場会社の社長になった松村厚久は、高知の若手経営者にとってスターであり、彼らの憧れの人物ですよ。その松村が、陳腐なチームで出場でもしたら笑い者にされ、何を言われるかわからない。実際、地元の人間には東京に出た人間に辛辣なことを言う人もいますからね。僕は絶対、松村の顔に泥を塗りたくなかったし、松村に嫌な思いをさせたくなかった。だからこそ、リスクを考えると、考え直して出場を諦めさせることを期待して、あのようなことを言わざるを得なかったんです」

松村は宮本の心配に心を熱くしながら、こう返事をした。

「正司さん、本当にありがとうございます。でも必ず高知のみんなが驚くようなチームを結成して、本場高知のよさこい祭りでパフォーマンスを披露しますよ。期待してください」

松村は宮本の懸念を押し切って祭りへの参加を決行する。松村には、高知への愛と固い覚悟があったのだ。事実、沿道の観客を魅了するチームで出場した。

宮本も松村の有言実行に賛辞を送っている。

「松ちゃんのどんな困難も乗り越えていこうとする強い気性は、4年の空白を経ても何も変わらなかった。実に勇敢でした。地元での祭りに圧倒的なパフォーマンスで登場し、高知への愛を叫び続けたんです。2014年からスタートしたDDよさこいチームは、今や高知のよさこい祭りに欠かせないチームに成長したと思います」

よさこい祭り初参加から4年前、2010年に100店舗100業態を達成した松村は、外食業界の寵児として注目を集めもてはやされていた。しかし、翌年の2011年3月に東日本大震災に見舞われると、経営者として岐路に立つことになる。

「私は、自分の夢を実現するためにダイヤモンドダイニングを作りました。そして、不可能だといわれた100店舗100業態を達成して、どこまでも自分の夢を追求する気持ちでいたんです。利益追求より独創性やクリエイティブに軸足があった。しかし、東日本大震災が起こり、一時的に収入が激減した時に、社員とその家族が安心して働ける会社でなければ、価値がないんだと強烈に考えるようになりました。だからこそ、自らの誇りを高知で取り戻したい、と思ったんです。そして自分を育んでくれた高知に、ささやかでも恩返しがしたかった。よさこい祭りに参加して、恩返しの気持ちを形にし、ダイヤモンドダイニングの名前を地元の人たちの記憶にとどめて欲しかった」

松村がそうした心の動きを思い起こしたのは、コロナ禍による閉塞感から立ち上がる自分と過去の自分を重ねたからだった。

「会社を興して最大の危機だと思っていた2011年の東日本大震災。けれど、2020年からのコロナ危機は、その何百倍の損害、痛手をもたらすものでした。東日本大震災時は数ヶ月から半年で景気が戻りましたが、新型コロナウイルスの厄災は4年に及んだんです。一時は未来など考えられないほどに落ち込みました。でも、支えてくれる仲間が、社員が、パートナーたちが、そしてDDを愛してくれるお客様がいることを思い出し、サバイバルを決意したんです。生き残るためなら何でもするんだ、とプライドも捨てました。そして、なんとか生き残り、コロナ禍を乗り越えられた」

だからこそ、松村はその感謝の気持ちを込めて、再開したよさこい祭りに参加しようと決めたのだ。

「思いっきり楽しく弾けるパフォーマンスを見せようじゃないか！　と、社員に話すと、みんな、一も二もなく賛成してくれました。たくさんの傷を負い、血を流しましたが、一丸となっていけることを確信したんです」


台風の強風をかい潜り、本来の到着時刻から遅れること12時間、松村は松山空港から高知市内の中央公園競演場へ向かった。そこで出番を待つばかりのよさこいチームと合流したのである。

「中央公園では台風の影響で雨が降り続いていたんですが、ＤＤよさこいチームの出番に合わせるように止んだんですよ」

松村はＤＤよさこいチームの演舞が終わるとすぐにインスタグラムにアップした。

《彼女らの出番に奇跡的に雨はあがって素敵な舞を皆様に披露できましたそんな松村とＤＤよさこいチーム、奇跡持ってます！》

（２０２３年８月９日のインスタグラムより）


第70回よさこい祭りで、ＤＤよさこいチームは「銀賞」と「地区競演場連合会地方車奨励賞」をダブル受賞する。2つの賞を同時に受賞したチームは、DDよさこいチームが初めてだった。

8月12日の後夜祭にも踊り舞ったDDよさこいチームの祭りは、チーム全員の笑顔とともに幕を閉じた。

「人生の中で、こんなに熱い4日間があっただろうかと思うほど、体も心もよさこい祭りの空気に酔いしれていました。私の若年性パーキンソン病が進行し、歩く時には社員に支えてもらうことも多いのですが、心は以前にも増して解き放たれています。そして、どんな未来も想像することができるんです」

全員参加の打ち上げパーティーで盛り上がって、みんなで肩を組んで最後にゆずの『栄光の架橋』を歌いホテルに帰ると、松村は「来年のよさこい祭りまでにいくつの店を増やしていけるだろう」と、店舗作りのことを考え出していた。

「そうするともう眠れない。翌日の朝一番には、新たに思いついたアイディアや経営プランを秘書に伝えていたんです」

よさこい祭りの翌日、羽田へ向かう飛行機の時間までの短い間、松村は実家を訪れた。地元に帰ってきて一番落ち着くのは、やはり実家で過ごす時間だ。松村が青春時代を過ごした頃から変わることのない家の周りの景色は、松村を静かに迎え入れてくれる。祭りで熱く燃えた心が、次第に落ち着いていくのを感じ、吹く風が運ぶ海の香りがする空気を胸に大きく吸い込んだ。

久しぶりに会った松村と母・孝子の会話はいつもと変わらない。

「あっちゃん、体は大丈夫？　よく休んでる？　ちゃんと食べないと。また痩せたみたいじゃない」

「お母さん、大丈夫。心配しないで。俺も会社も、元気で頑張っていくよ。それよりお母さんも体に気をつけて。目が悪いんだから、転んだり交通事故に遭ったりしないようにね」

あと数年で90歳を迎えようとしている孝子は、視力が落ちて以前のようにはキビキビと行動できなくなった。だが、気丈にも身の回りのことを全て自身で行い、しっかりと暮らしている。隣の家に住む松村の姉・千晶とその夫・勝二が、日に何度も孝子の様子を見てくれることが、松村を安心させていた。

「代われるものなら代わってあげたい」

松村の体を思うと何度もそう言って表情を曇らせる孝子は、息子が若年性パーキンソン病だとわかったその日から、「俺は大丈夫」と何事もないように振る舞う息子の苦しみを、その心で感じ取っていた。

母の日課は神仏に手を合わせることだ。自宅1階にある父の遺影と先祖の位牌、そして2階にある神棚。以前は毎日詣《まい》っていた近所の氏神さま、岡三所神社には、千晶かヘルパーさんに伴われ、週に何度か訪れ祝詞をあげている。

母の唯一の願いは「息子の健康」ただそれだけだった。

視力の弱くなった母に寄り添う千晶は、高知県で教員となり、その後県立特別支援学校の副校長、高知県立盲学校の校長を務めた。定年退職後は教育のエキスパートとして高知市の教育事業に従事している。千晶もまた、若年性パーキンソン病の症状が進む弟の体調を日夜心配している。

「2019年夏の大怪我で、体が思うように動かないことが命を危険にさらすのだと思い知らされました。厚久の症状であれば、転んだだけで大怪我を負って、打ちどころが悪ければ命を落とす可能性だってあります。奥さんの千春さんや会社の皆様には本当にお世話になるばかりですが、仕事第一の日々でも体に気をつけて欲しい。いつか治療が叶う日が来ることを、母も私も夫の勝二さんも私の3人の息子たちも、厚久と同じくらい待ち望んでいます」

DDよさこいチームの様子は地元メディアでも大きく取り上げられたため、孝子も千晶も、地方車の上でマイクを握る松村の元気な姿を見てはいたが、目の前にいる松村の顔を見て安堵し、直接会話ができたことを喜んだ。千晶は、「母の生きがいは厚久なんですよ」と微笑んだ。

「短い時間でしたが、厚久が自宅に戻って、母と会って、互いに心配し合っている光景を見て、安堵しました。こうした時間が少しでも長く続くことを願っています。母は、厚久に心配をかけないように、と言って健康に気を遣っています。そして、長生きをして厚久が回復する姿を見たいと思っている。その気持ちが、母の生活の中心にあります」

松村が最初に経営を教わった義兄・勝二は高知で松村を支えたい、と言った。

「お母さんのことは私と千晶に任せていいよ、といつも言っています。厚久君はそのエネルギーを経営に全力投球するでしょうから、高知のことは私が請け負います。そして、彼の宣言通り、必ず病気にも打ち勝って欲しいです」

数時間の滞在で空港へ向かう松村を、母と姉はその姿が見えなくなるまで見送った。そこに大袈裟な言葉は必要なく、肉親にしかない思いが満ちるだけだった。

2023年5月8日の新型コロナウイルス5類移行後、DDグループはその業績を順調に回復させていた。2024年2月期では過去最高益を叩き出し、外食業界は松村の存在の大きさを再び感じ入ることになった。

DDグループの株価も劇的な変化を遂げていた。新型コロナウイルス危機後、2021年8月6日には413円にまで下落した株価は2023年9月29日には2051円にまで上昇したのである。

「何がなんでも生き残る。そう言い続けた私を信じて、社員ががっちりとスクラムを組んで業績回復のために働いてくれました」

そう言って社員たちの働きぶりを誇る松村は、2023年4月24日に開催した「DDグループコンベンション2023」で、世話になる全ての人に向けたメッセージを発しようと、その文言を考えていた。

「今こうして私がコロナ禍でもふんばってこられたのは、ともに頑張ってくれた従業員、お取引先、お客様、そして全てのステークホルダーの皆様のおかげだと考えています。その方々のために、私のこれからの人生の時間を費やします。それを明確に宣言したいと思いました」

そこで松村の掲げたテーマは「原点超越」だ。

「この『原点超越』とは、人々の想像を遥かに超えることを熱狂的に成し遂げることです。過去の経験に基づく『満足』ではなく、『期待超越』、感動に満ち溢れる社会にしていくという強い意志を示しています。我々の方針は、圧倒的な『カッコ良さ』を湛えながら、全てのステークホルダーに対して『熱狂的な歓喜』を呼び起こすこと、としました。この先には進化が必須です。外食企業から、創造的であり革新的であるブランドを継続的に社会に創出できるブランドカンパニーへと成長していくことを、一心に目指します」

若年性パーキンソン病を医師から告げられた日、松村は「神様は乗り越えられない試練は与えない」という言葉を胸に刻んでいる。

「これは、孔子も言っている言葉ですし、また聖書にもあります。私は、あるサッカー選手が言っているのを聞いて、以後ずっと胸に留め置いてきました。まさにその通りだと感じているんです。取り立てて才能もない私自身は、とにかく走り続けました。『止まってはいけない、止まったら死ぬぞ！』という覚悟で、休むことを拒絶してここまでやってきたんです。ダイヤモンドダイニングを作ってからは、全てを自分でやるのではなく、適材適所で人に任せ、スピードを意識しました。すると、上場が見えるまでになり、ヘラクレス、東証二部、東証一部上場が実現していきました。夢のようだと思いましたし、こうした上昇気流を、これからも生み出していかなければ、と腹に力を込めました」

松村は、まるで創業時のように、思いついた発想を社内で発信している。

「改めて感じたのは人材の重要性です。今後、コロナ禍の危機を完全に抜け出すのも、企業の競争優位性を築く未来を作るのも、ともに頑張ってくれる『人』がいてこそ。当然のことですが、人材は重要な財産であり、資本です。それを徹底しなければなりません。そこで、社内の『グッド　アイディア　コンペティション（ＧＩＣ）』をもっともっと活発にしようと思っています。これは社員のアイディアに耳を傾け、それを実現していくための社内コンペですが、ここから生まれた新規メニューも存在します。今後は、キャリアにかかわらず広く公平にアイディアを募り、良いものはスピード感を持って実践していきたい。アイディアを出した人に、リーダーを任せるような、そんなチャレンジもしていきたいです」

さらに、キャリアの充実をはかり、モチベーションを上げるために社内公募制度「Switch!」を盛んにしたいと松村は思っている。

「ジョブチェンジする社員をもっと増やしたい。職場や職種の異動を自己の意識で積極的に行える企業にして、個々の社員のポテンシャルに応えたいですね。他の外食企業よりも多く業態を展開しているDDグループだからこそ可能な、『ブランド異動』でスキルアップを体感して欲しいです」

松村は声を張り、腕を回して気合いを見せた。

「社員の皆さんには、楽しそうだと思えるものにはどんどん挑戦して、外食の仕事の中にある楽しみを一つでも多く見つけて欲しい。見つけたなら、それを心に刻み込んで覚えて欲しいんです。レストランや居酒屋、カフェやバーは、人を幸福にします。人と人を出会わせ、たくさんの思い出を作ります。その喜びを、これまでにないほど大きくしていきたいです」

新型コロナウイルスによって沈みかけたDDグループを完全復活させた松村は、リハビリだけでなく本格的なトレーニングを開始している。ロングブレスの美木良介やパーソナルトレーナーが驚くほどの筋肉量で、コロナ禍にあっても病院や自宅で続けた筋トレが松村の体をアスリートのようにしていた。

その松村の夢は、ハワイ州オアフ島で毎年12月に開催されるフルマラソンを完走することだ。

「私は、ホノルルマラソンで42・195キロを完走するという夢を一度も捨ててはいません。イメージトレーニングだって、日々の習慣になっていますよ」

松村は、頭の中で走るコースを何度も思い描いているのだ。

「まず、ホノルルマラソンのスタート地点はアラモアナショッピングセンターの前です。ダウンタウンを抜けてカラカウア通り、朝日に染まるダイヤモンドヘッドを駆け抜けてハイウェイに入り、再びダイヤモンドヘッドを回ります。ゴールはカピオラニ公園の中にあります。両腕を挙げてゴールテープを切ったら、フィニッシャーTシャツを着て完走した人たちと記念写真を撮るでしょう」

ホテルに戻った松村は、記者たちを前に会見を開く。

「私はまず、若年性パーキンソン病と闘ってきた歳月を語ります。そして、治療の成果を話します。『若年性パーキンソン病は治ります。私のように重度の障害を克服して、42・195キロを走ることができるんですよ』と、同じ病気で闘っている方にメッセージを送るんです」

ハワイでマラソンに出場する自分を思うと、松村は座っていることがもどかしく、走るように足を交互に動かしてみる。

「もちろん、今はこの足は動きません。足だけでなく、腕も体も、思い通りになりません。でも、必ずこの病気を治す医療は開発されるはずです。私は人間の叡智を信じています。時間がかかるかもしれませんが、私は諦めない。若年性パーキンソン病完治というゴールの瞬間を迎える日まで、私が望みを捨てることはありません」

松村は、自身が全国のパーキンソン病患者たちの希望になっていることを自覚している。

「2023年9月に日本経済新聞で若年性パーキンソン病の発症から治療とその経緯についての記事を4回連載しました。読者の方々から多くの感想をいただきます。体の自由が利かなくなって辛くて苦しくて、生きる希望を失いそうになるけれど、松村さんのことを知って自分も頑張ろうと思いました、松村さんの生き方に触れて私も諦めることをやめました、この病気を克服する日までともに頑張りましょう、など、思いの丈が文字に込められているんですよ。そうした方々の苦しみも、私が一緒に背負って生きていきたいです」

松村の人生の選択の基準は、今もカッコいいか、カッコ悪いか、である。

「やっぱりどんな時にも誰からも、生き方も、ファッションも『カッコいいですね』と言われたいですからね。日常生活が戻って、最近やっと洋服の買い物にゆっくり出かけられます。最近気に入っているブランドはDIESELとLOVELESSです！」

人生でも仕事でも、挑戦を続ける松村厚久は、その瞳で未来だけを見つめている。

「今の私には、病気に打ち勝った日の自分が、はっきりと見えるんです」

松村厚久の「熱狂宣言」は終わらない。

あとがき

喉元過ぎれば熱さを忘れる。

「耐え難い苦痛や苦労、襲い来る激痛も、過ぎてしまえば、人はその苦しみや苦労をすっかり忘れてしまう」という、日本人なら誰もが耳にする諺です。

日本全土を苦しめた新型コロナウイルスの感染爆発。多くの人の命を奪い、健康に暮らす社会を根底から揺るがしたこのパンデミックと、そこにあった不自由な日常を、大多数の日本人は、過去のこととし、忘却の彼方へと押しやっているのではないでしょうか。

私は、そうではありません。２０２０年初頭から始まったコロナ禍を昨日のことのように思い出し、時には、動悸が速くなったり、緊張による発汗を覚えたりします。それはコロナ危機の最中にこの一冊、『熱狂宣言２』の取材・執筆を続けていたからです。

２０１９年にスタートした『熱狂宣言２』の取材は、２０２０年夏に開催されるはずだった東京オリンピックとともに、松村厚久社長がぶち上げた「１０００店舗１０００億円」に向けて突き進むＤＤホールディングス（現・ＤＤグループ）の躍動する事業と、そこにある松村さんと役員の方々、社員の皆さんの粉骨砕身の日々をドラマチックに綴るためのものでした。

スタートアップから始まった外食企業では容易には掲げられない巨大な目標を現実のものとするためにひた走る松村さんと社員の皆さんの姿は、どんな時にも瑞々しく、１店舗１店舗に

「働く喜び」がありました。

『熱狂宣言』を読んでくださった読者の方々ならご存知の通り、松村さんは若年性パーキンソン病の闘病を続けながら経営の指揮をとっています。不可能を真っ向から否定する勇気を持ち、自分の会社・店舗だけでなく、日本の外食業界の発展のために力を尽くす姿勢には外食業界以外からも、真の尊敬と声援が集まっていました。

ところが、2020年に入ると、松村さんが勇敢に疾走する世界は暗転していきました。ダイヤモンドプリンセス号での集団感染、さっぽろ雪まつりでの感染者拡大、教育現場の閉鎖、企業による出勤の自粛、そして緊急事態宣言と、まるでパニック映画のシナリオのような場面が現実のものとなっていきました。

発展のために〝攻めの経営〟に舵を切っていた松村さん率いるDDホールディングスは、わずか2、3ヶ月で資金難に陥り、倒産の危機に瀕することになったのです。「1000店舗1000億円」からの急転直下に、呆然とするしかなかった私は、『熱狂宣言2』の取材と出版を無期延期にするか否か、松村さんと何度も話し合うことになりました。

自宅の寝室で転倒し、命にも関わる怪我から復活した松村さんは、損傷した左腕の完全回復のためのリハビリに臨みながら、倒産回避のために寝食を忘れて動き続けていました。松村さんと取締役の皆さん、松村さんの秘書の方々が、パソコンと書類を抱え、蒼ざめた表情で社内を駆け巡っていた光景は、今も鮮やかに蘇ります。

「死んでたまるか。絶対に生き残り、V字回復してみせますよ」

後に現実になる輝かしい復活劇など想像もできなかった苦しい時期に、松村さんは『熱狂宣言2』についてこう語りました。

「盤石な経営を遂行しようと、予期せぬ危機は襲ってきます。そこにはどんな問題が山積し、経営者はどうやってその状況を乗り越えていくのか、実践の記録を残しておくことが重要ではないでしょうか。またいつか、パンデミックが起こった時のためにも、どんな危機に瀕するのか、また経営者はどう戦うのか、その記録を残したいです。自戒を込めて言いますが、時間が過ぎれば人は過去を忘れてしまいます。苦しいことも消去され、注意を怠ってしまうのです。東日本大震災の時もそうでしたよね。先人が残してくれた情報や知恵こそが、多くの人を救いました。小松さん、我々は『1000店舗1000億円』の目標を一旦下ろさなければなりませんが、私はむしろコロナと戦った我が社の記録を克明に書いて欲しいと願っています。創業以来最大のピンチに見舞われたDDがどんな道を辿っていくのか、未来の社員や、外食経営者に伝えたいです」

そう言って私を見る目には強い光が宿っており、私は即座に「わかりました、取材を続けます」と、返事をしていました。

時を同じくして、幻冬舎の社長である見城徹さんから電話がありました。この本の出版プロデューサーでもある見城さんは、DDホールディングスの危機的な状況に誰よりも心を砕いていました。

「松村がどんなに苦しい状況にあるかは、よくわかっている。絶対に生き残って欲しいが、倒産に至る可能性もゼロではない。だからこそ、想像を絶するパンデミックの渦中にある松村とDDの戦いの記録は、重要だ。必ず後世に読み継がれるものになるよ」

そう話す見城さんに、松村さんも同じ考えであることを伝えました。そこですぐに『熱狂宣言2』の継続が決定したのです。見城さんは、「松村なら地を這ってでも生き抜いて、会社を復活させるだろう。彼にはそうした底知れぬ力がある」と、声を震わせて言いました。


主題を様変わりさせた『熱狂宣言2』の取材は、5年に及びました。店舗を減らし、大切な人と袂を分かつことになった松村さんの苦しげな横顔を何度見たかしれません。しかし、松村さんはどんな時にも最後は顔を上げて、社員とその家族を守り抜くために前進を止めない、と言いました。そして、こう続けたのです。

「小松さん、私たちは必ずコロナ禍を戦い抜きます。そして、私たちを支援してくださる皆さんの想像を超えたところへと向かっていき、より大きな驚きと感動を皆さんに与えることをお約束します。熱狂宣言！」


本書は、図らずも日本が経験することになった新型コロナウイルスの脅威と、それに正面から向き合い、生き抜いた松村さんと仲間の物語です。コロナ禍の日々は遠くなっていくかもしれませんが、松村さんと社員の皆さんが残した行動と言葉は、いつまた襲うかもしれないパンデミックに対抗する希望の書であり参考書になると自負しています。

本書のために貴重な時間を割いて取材をお受けくださった全ての皆様、ありがとうございました。松村さんと経営のために一丸となった取締役の方々、会社の存続を信じて仕事に打ち込んだ社員の皆様、松村さんを誰よりも愛する盟友たち、松村さんの大切なご家族、先輩や後輩の皆様、ＤＤグループを支援なさる皆様。その方々が困難な時期にも心を砕き、取材に応じてくださったからこそ、この一冊は完成いたしました。皆様にとっても、人生の大切な記録となる本であることを願ってやみません。

この本の取材を一番近くで支えてくださったＤＤグループの斉藤征晃さん、青木俊之さん、重田委久子さん、土田鮎子さん、そして全ての取材に付き添ってくださった河内哲也さん、ありがとうございました。振り返ると、皆さんと一緒に過ごした時間こそが『熱狂宣言２』を上梓する力を授けてくれました。心からの御礼を申し上げます。

先の見えない状況の中で本書出版の機会を与えてくださった見城さん、ありがとうございました。見城さんには幾度となく取材も受けていただきました。真摯に松村愛を語っていただき、感謝申し上げます。

長期になった取材を支え、単なる記録や資料ではない作品を作るために数々のアドバイスをくださった編集者の菊地朱雅子さん、ありがとうございました。

そしてこのノンフィクションの主人公である松村厚久さん、ありがとうございました。この本を書き上げた瞬間に溢れたのは、若年性パーキンソン病や、若年性パーキンソン病をきっかけに負った怪我にも一切の弱音を吐かず、高知の太陽のように明るく困難な日々を駆け抜けたその姿を一人でも多くの方に知っていただきたいという思いでした。松村さんの「熱狂宣言」がある限り、ＤＤグループも松村さんの人生も輝き続けるに違いありません。今は、『熱狂宣言３』を執筆する未来を想像し、胸を高鳴らせています。松村さんは、ＤＤグループをどんな企業に育て上げているのでしょうか。若年性パーキンソン病にはどのように打ち勝っているのでしょう。そのストーリーを書く日まで、私の「熱狂宣言」も終わりません。これからもよろしくお願い申し上げます。

２０２４年６月27日

小松成美

親愛なる皆様へ

２０１５年に出版された『熱狂宣言』で私は皆様へ自身の病気について公表させていただきました。

想像以上に反響が大きく、多方からお声をいただき、更には２０１８年『熱狂宣言』の映画まで公開いただき、私の人生はまた大きく飛躍しました。

会社も右肩上がりに調子よく成長を続けており、これからどこまで突き進むのか？

この先も是非私のことを書き続けてほしいと小松先生に懇願し、その後も密着いただいておりました。

すると２０１９年の大ケガ、そして２０２０年からのコロナ。

これまた若年性パーキンソン病以外の大きな試練がふりかかってきて、倒産や死まで過《よぎ》りました。

そんな中でも熱狂宣言！　止まったら死ぬぞ！　神様は乗り越えられない試練は与えない！の精神で戦ってきました。

今回はそんな続編であるコロナ激闘編を書き続けてくださった小松先生、それを形にして出版してくださった見城社長に改めて感謝申し上げます。
そして読者の皆様に困難がふりかかってきたその時に、この本が生きる糧、人生の指針等、何かのヒントになれれば幸いです。

「熱狂宣言」はまだまだ続きます。
「原点超越」し続けたいと思っております。

To be continued...

松村厚久　感謝

松村厚久

マツムラアツヒサ

1967年3月29日生まれ。
高知県高知市出身。

1989年　日本大学理工学部卒業　日拓エンタープライズ入社

1995年　池袋に日焼けサロン「マーメイド」創業

1996年　「A&Yビューティサプライ」設立

2001年　銀座に第1号店となる「VAMPIRE CAFE」開店

2002年　「株式会社ダイヤモンドダイニング」へ商号変更

2007年　大阪証券取引所ヘラクレス市場へ上場

2008年　外食産業記者会「外食アワード2007」受賞

2010年　100店舗100業態達成

2011年　アメリカに「Diamond Dining International Corporation」設立

2014年　東京証券取引所市場第二部上場
高知「よさこい祭り」に初出場、「審査員特別賞」受賞
2015年　東京証券取引所市場第一部上場
2017年　「株式会社ＤＤホールディングス」へ商号変更
2019年　株式会社エスエルディー連結子会社化
湘南レーベル株式会社連結子会社化
2022年　東京証券取引所の市場区分変更に伴い、東証第一部からプライム市場へ
2023年　「株式会社ＤＤグループ」へ商号変更
高知「よさこい祭り」出場、「銀賞＆地区競演場連合会地方車奨励賞」初ダブル受賞

SPECIAL THANKS（敬称略・順不同）

株式会社Dリーグ　平野岳史
株式会社アチーブゴール　渥美修一郎
株式会社グローバーズ　内山俊哉
株式会社U-NEXT HOLDINGS　宇野康秀
株式会社ベネフィット・ワン　白石徳生
株式会社スタジオモーリス　毛利充裕
東京バス株式会社　西村晴成
リスト株式会社　北見尚之
株式会社ビームスホールディングス　設楽洋
エイベックス株式会社　松浦勝人
株式会社ワンダーテーブル　秋元巳智雄
株式会社エターナルホスピタリティグループ　大倉忠司
株式会社BLUEWEDGE　髙島郁夫
有限会社柴田陽子事務所　柴田陽子
株式会社グラマラス　森田恭通
株式会社サムライ　佐藤可士和
株式会社ベクトル　西江肇司
医療法人社団鳳凰会フェニックスメディカルクリニック　賀来宗明
西酒造株式会社　西陽一郎
マイケル富岡
株式会社トランジットジェネラルオフィス　中村貞裕
クージュー株式会社／
EGGS 'N THINGS JAPAN株式会社　松田公太
SHOWROOM株式会社　前田裕二
株式会社シーラテクノロジーズ　杉本宏之
株式会社ONODERA GROUP　小野寺裕司
際コーポレーション株式会社　中島武

SNS media&consulting株式会社
堀江貴文
株式会社ティーケーピー　河野貴輝
株式会社スティルフーズ　鈴木成和
株式会社Orchestra Holdings　佐藤亨樹
株式会社浜倉的商店製作所　浜倉好宣
野口美佳
株式会社サウンド東京　福元麻理恵
株式会社テレビ東京　佐々木明子
株式会社ブレーンアンドパートナー　高岡晃子
株式会社エニグモ　須田将啓
株式会社サイバーエージェント　藤田晋
株式会社hachibei crew　八島且典
株式会社なか尾　中尾慎一郎

アサヒビール株式会社
株式会社まつの
尾家産業株式会社
リーテイルブランディング株式会社
株式会社プリームス
株式会社野村商店
コカ・コーラボトラーズジャパン株式会社
水野産業株式会社
株式会社カクヤス
株式会社ぐるなび
日本生命保険相互会社

苦しい時期に家賃の減額に応じてくださった家主様
最高の社員を支えてくださったご家族の皆様
そしてすべてのステークホルダーの皆様に感謝

装幀　山本知香子
写真　操上和美

本書は書き下ろしです。
原稿枚数418枚（400字詰）。
登場する人物の肩書きは全て当時のものです。

〈著者紹介〉

横浜市生まれ。広告代理店勤務などを経て89年より執筆を開始。主題は多岐にわたり、人物ルポルタージュ、ノンフィクション、インタビュー等の作品を発表。著書に『中田英寿　鼓動』『中田英寿　誇り』『YOSHIKI／佳樹』『勘三郎、荒ぶる』『五郎丸日記』『虹色のチョーク』『M 愛すべき人がいて』などがある。

熱狂宣言2　コロナ激闘編

2024年7月31日　第1刷発行

著　者　小松成美
発行人　見城 徹
編集人　菊地朱雅子

発行所　株式会社 幻冬舎
〒151-0051　東京都渋谷区千駄ヶ谷4-9-7
電話　03(5411)6211（編集）
03(5411)6222（営業）
公式HP：https://www.gentosha.co.jp/

印刷・製本所　中央精版印刷株式会社

検印廃止

Printed in Japan
ISBN978-4-344-03821-9 C0030

この本に関するご意見・ご感想は、下記アンケートフォームからお寄せください。https://www.gentosha.co.jp/e/